Le Corbusier

Una Nueva Arquitectura

© Copyright 2010 – BN Publishing

Visite nuestra tienda online en:

www.bnpublishing.net

info@bnpublishing.net

Ninguna parte de esta publicación, incluido el diseño de la portada, puede ser reproducida por ningún medio, sin el previo consentimiento del editor.

Le Corbusier

A Krista Biederlack

ABRIENDOSE PASO

A los grandes pintores, escultores y arquitectos de la primera mitad del siglo xx no les faltó publicidad. Pero ninguno de ellos estuvo tan a menudo y tan vivamente expuesto a las candilejas como Le Corbusier. Desde la Exposición de Otoño de París, en 1922, inquietó al mundo de manera tan sorprendente como admirable. Genio para unos, charlatán para otros, loado e insultado, amado y aborrecido como quizá ningún otro artista de la forma y la palabra, fue motivo de escándalo para especialistas, fuente inagotable para el sensacionalismo callejero. ¿Es realmente el poeta del tablero, el arquitecto de las buenas obras, o más bien Minotauro que quiere atraparnos en nuevos laberintos? Los indicios señalan un ingenio sobresaliente y una obra llena de promesas. En la historia del arte sólo los osados experimentos en lo desconocido logran suscitar tal interés entre los coetáneos.

"La celebridad no tiene alas blancas", se quejaba Balzac. Celebridad no siempre es sinónimo de conocimiento del celebrado y de su obra, pues a menudo la celebridad envuelve al celebrado en las sombras difusas y los vagos diagramas de la semirrealidad. Es víctima de la incomprensión, de esa temible simplificación que no ha de confundirse con la simplicidad de líneas fundamentales, propia de la verdad. La opinión pública transforma al hombre célebre en un ser extraño, ajeno a la realidad. Al cabo, se convierte en un gran desconocido en su propia época. Le Corbusier pertenece al número de estos renombrados desconocidos.

Le Corbusier nació el 6 de octubre de 1887 en La Chaux de Fonds, en el Jura suizo. El libro de bautismos de la comunidad calvinista local lo registra como Charles Edouard Jeanneret. El muchacho abandonó la escuela en 1900 y aprendió la artesanía de su padre, que era cincelador de relojes. L'Epplatenier, el recordado maestro de la academia de la ciudad natal, fue quien le abrió las puertas del arte. En 1906 se lanzó a recorrer mundo. Visitó Italia, Hungría, Austria y Francia. Sus cuadernos de bocetos de esos años muestran claramente el despertar de una extraordinaria afición por la arquitectura. En París consiguió llegar al taller de Auguste Perret, uno de los padres de la nueva arquitectura. Una tentativa de emprender académicamente el estudio de este arte no tardó en quedar interrumpida. El joven Jeanneret dio más bien con lo que buscaba en los talleres de los pintores y arquitectos modernos, en las obras en construcción y en los museos. Como muchos grandes artistas del siglo, fue autodidacto. La academia de artes de su ciudad natal lo envió en 1910-1911 a Alemania en viaje de estudios; allí trabajó en el taller de Peter Behrens y conoció la Asociación Gremial Alemana (*Deutsche Werkbund*). Siguieron viajes de formación a los Balcanes, Asia Menor, Grecia e Italia.

Le Corbusier era demasiado joven para colaborar en la gestación de la década de oro que precedió a la primera guerra mundial; pero perteneció a los más ardientes y promisorios observadores de esa hora en que surgía una nueva juventud europea. Los versos del joven Rilke, de Hofmannsthal y George, de Valéry, Gide, Claudel, Joyce y

Eliot colmaban esas horas notablemente densas del espíritu; Alain Fournier ponía la inolvidable figura de su *Grand Meaulnes* en los caminos de los eternos errabundos, Ortega y Gasset comenzaba a interpretar el momento de Europa a partir de la historia europea, los jóvenes pintores de *Die Brücke, Der Sturm, Der Blaue Reiter,* del fauvismo, el cubismo y el futurismo abrían a los ojos deslumbrados ventanas hacia un mundo alarmante lleno de nuevos signos, colores y formas. Sullivan y Wright, Olbrich, Behrens, Wagner, Hoffmann, Garnier, Perret, Berlage y van de Velde comenzaban a crear la arquitectura de la era técnica. El joven gran duque de Hessen ponía en la Mathildenhöhe, en Darmstadt, el germen de la nueva arquitectura; el joven comerciante Karl Ernst Osthaus erigía en Hagen el *Folkwangsmuseum,* que resplandecía "como un signo celeste en Alemania occidental para los jóvenes artistas" (Nolde). La Asociación Gremial Alemana tendía el puente del arte a la industria, de la función a la imaginación social.

La gran década en que surgió el nuevo arte concluyó bruscamente con la primera guerra mundial. Charles Edouard Jeanneret la pasó como profesor en la academia de artes de La Chaux de Fonds. No olvidaba la arquitectura. A los diecisiete años había encontrado su primer contratista de obras y edificado una casa que agradó por lo simple y funcional. En 1910 había proyectado una gran casa-estudio para artistas, en que el cubismo se enseñoreaba de la arquitectura. Con la casa-tipo *Dominó* y con la Casa del Lago, de 1916, echó las bases de su arquitectura.

Después de la guerra, Le Corbusier volvió a París. Escogió por segundo hogar la patria de sus antepasados hugonotes; se estableció en París mismo y en 1930 adoptó la ciudadanía francesa. Su *atelier* de la rue de Sèvres llegó a ser uno de esos talleres del espíritu que con labor silenciosa cambiaron la faz del mundo en el siglo XX.

Apareció la segunda ola de irrupción espiritual del siglo. "Ha comenzado una nueva época, animada de un espíritu nuevo. Un espíritu de construcción y de síntesis, guiado por una clara concepción." Charles Edouard Jeanneret, con el nombre de Le Corbusier, ayudó a dar a ese espíritu la conformación adecuada, a mantener su llama viva. Como teórico, pintor, escultor y arquitecto realizó la síntesis de su propia persona, dio claridad y precisión a su camino en un continuo ensayar y corregir. La pintura y la teoría ocuparon sus primeros años parisienses. Como pintor, halló su hogar en el círculo de los cubistas; Picasso y Ozenfant le fueron al encuentro. Con Ozenfant y Dermée fundó, en 1920, *L'Esprit Nouveau*, "revista internacional de la actividad contemporánea". En ella se desarrolló, de 1920 a 1925, un diálogo, único en su género, entre los artistas y entre las artes.

En 1922 Le Corbusier empezó a trabajar con su primo Pierre Jeanneret. Pierre aportó contribuciones importantes al arte de la construcción y a la estática. "Dos hombres que se comprenden valen por cinco que trabajan solos." La feliz colaboración duró hasta 1940. Los encargos se hacían esperar; y hasta el fin de la segunda guerra mundial permanecieron escasos. Le Corbusier tuvo tiempo libre para desarrollar y dejar madurar sus ideas. Sus construcciones no empezaban con el encargo, sino como experimentos puros, cuya causa era una exigencia de época planteada por el hombre y la sociedad. Maduraron en detalle y en conjunto en una labor de decenios. Le Corbusier no le da importancia a la "obra de arte perfecta". Sabe que el artista en cada obra, sea cuadro, proyecto o edificio, ha de llegar al máximo de sus posibilidades; tiene la modestia capaz de discernir que toda obra, aun genial, presenta debilidades y defectos, y no vacila en reconocer esas fallas que lo mueven a retomar el objeto una y otra vez. Hasta en la edad provecta ha seguido siendo un aprendiz, un hombre y un artista siempre en camino.

Le Corbusier encontró tiempo para comunicar sus ideas a la juventud. Al *atelier* de la rue de Sèvres llegan jóvenes de todos los países, estudiantes y entusiastas colaboradores en la compleja obra del maestro. Su *atelier* se convirtió en uno de los puntos de formación del nuevo arte, en el paralelo francés del *Bauhaus* de Dessau o del taller de Frank Lloyd Wright en Estados Unidos. Las revistas *L'Esprit Nouveau* (1920-1925), *Plans* (1930-1933) y *Prélude* (1933-1935), así como los libros que fueron apareciendo en rápida sucesión, llevaron las nuevas ideas y las realizaciones del *atelier* a los círculos especializados del mundo y a presencia de un público cada vez más atento. Las exposiciones se convirtieron en memorables acontecimientos de la historia de la arquitectura. El Salón de Otoño parisiense de 1922 ofreció a la discusión el gran proyecto de la ciudad contemporánea para tres millones de habitantes. En la Exposición Internacional de Arte Decorativo (París, 1925), el "Pavillon de l'Esprit Nouveau" exhibió la nueva casa y su legítima organización, realizada con los nuevos materiales; Le Corbusier presentó en proyecto el *plan voisin*, que aspiraba a sanear el caos edilicio de París.

La celebridad y el escándalo fueron en aumento. Le Corbusier presentó grandes proyectos para concursos internacionales: en 1927-1928, el edificio de la Sociedad de las Naciones, en Ginebra; en 1931, la Casa de los Soviets, en Moscú, obra laureada pero no construida. La misma suerte cupo a las plantas urbanas: la de la *ville radieuse*, plan ideal puesto a discusión en 1930, como las de Barcelona, París, Buenos Aires, Ginebra, Estocolmo, Argel, Río de Janeiro. Le Corbusier aprovechaba los escasos encargos para ensayar y poner a prueba en la obra concreta sus ideas y proyectos: las viviendas para la Colonia de Trabajadores, en Pessac; las "má-

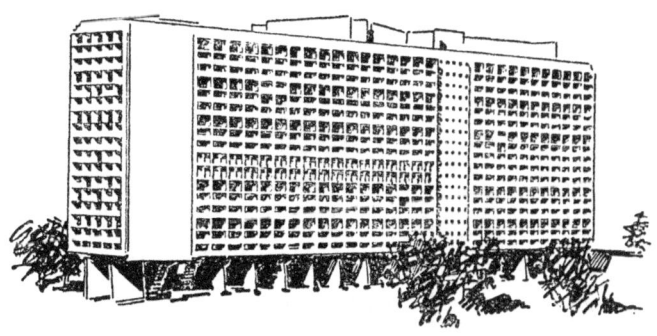

El edificio de 17 pisos, en el Triángulo de Heilsberg, en Berlín, contiene 400 viviendas.

quinas de habitar" de la Colonia Weissenhof, en Stuttgart; la Casa Suiza, en la Ciudad Universitaria de París; el edificio del *Tsentrosoyúz*, de Moscú, y el del Ministerio de Culto en Río de Janeiro.

Los mejores arquitectos del siglo reconocieron la calidad de este artista original. En el Congreso Internacional de Arquitectura Moderna (CIAM), Le Corbusier fue una figura rectora. La "Carta de Atenas", ley fundamental del nuevo urbanismo, estatuida por el CIAM en 1933, ratificó sus ideas.

La Exposición Internacional de París, en 1937, le dio motivo a Le Corbusier para proponer, sucesivamente, tres proyectos: un barrio residencial, una unidad de vivienda y un museo. Pero esa oportunidad única para poner a prueba a los ojos del mundo el nuevo estilo de edificación, fue desaprovechada.

Al término de la segunda guerra mundial parecieron maduros los tiempos para la arquitectura de Le Corbusier. El gobierno francés lo designó asesor del Ministerio de Reconstrucción y miembro del Consejo Superior de Arquitectura y de la Dirección General de Bellas Artes. Fue promovido a caballero de la Legión de Honor; la reina Isabel de Inglaterra le otorgó la medalla de oro del Instituto Británico de Arquitectura; la Academia de Artes y Ciencias de Estados Unidos le concedió su medalla de honor, y fue designado doctor *honoris causa* por la Universidad de Zurich.

En los años de guerra, Le Corbusier había tenido tiempo para poner de nuevo a prueba, corregir y seguir desarrollando sus ideas, planos y modelos. Los trabajos de teoría arquitectónica dieron por resultado el *Modulor*, sistema de medidas para la construcción fundado en las medidas del cuerpo humano. Los años de reconstrucción edilicia no fueron los siete años de las vacas gordas que Le Corbusier se merecía. Pero le dieron oportunidad para desarrollar planes urbanos de gran perfección, crear la unidad de vivienda, presentar a la opinión mundial su primera iglesia y construir una nueva ciudad. Los planes para la reconstrucción de las ciudades destruidas, sobre todo Saint-Dié y La Rochela, prometían obras beneficiosas a los hombres del siglo xx. Los ciudadanos de La Rochela y de Saint-Dié perdieron la gran ocasión: prefirieron la intrascendencia de lo habitual a los dones del genio. El Penyab, en la India, se mostró más avisado: confió a Le Corbusier el plan general y la construcción del centro de su nueva capital, Chandigarh. No corrieron tan buena suerte los planos para las grandes unidades de vivienda. En Marsella pudo edificarse sólo una de las unidades planeadas para la ciudad-jardín vertical; de cualquier modo, llegó a ser una obra maestra de la arquitectura social y del arte de nuestro tiempo. En Nantes se terminó, en 1956, una segunda unidad de vivienda; en Meaux, cerca de París, se puso la piedra fundamental de una ciudad-jardín de cinco unidades, y en Berlín se levantó una unidad como aporte a la Exposición Internacional de Arquitectura celebrada allí en

1957. El arzobispo de Besanzón dio a Le Corbusier la oportunidad de construir su primera iglesia: Notre-Dame du Haut, cerca de Ronchamp. Es el primer santuario de peregrinación de la nueva arquitectura eclesiástica, memorable integración de arquitectura, plástica y pintura, obra maestra insuperada del nuevo arte sagrado, y entre las obras construidas por Le Corbusier, la más genial proyección hacia el futuro.

ARTISTA DE LA PALABRA
Y DEL NUMERO

Le Corbusier es arquitecto, pintor y escultor; la unidad de las artes halla realización en su persona. Le Corbusier es artífice de la palabra. Sabe acertar con los problemas, dar precisión a sus ideas, desarrollar una teoría de la arquitectura con palabra, boceto y plano. No se contenta con la frase que registra y describe técnicamente. En Le Corbusier la palabra tiene otra jerarquía. Es para él un elemento de su arte, pues en él ella se torna creadora, ya quiera hacerla épica, ya dramática o lírica.

Tres revistas en trece tomos de un año cada uno, unos treinta libros y cinco volúmenes de obras compiladas han ofrecido hasta hoy a Le Corbusier la ocasión de publicar su teoría arquitectónica, su filosofía del arte y su poesía. En 1920 Le Corbusier y el pintor Amedée Ozenfant fundaron la revista *L'Esprit Nouveau*. Ozenfant era el maestro del purismo, la técnica más abstracta del cubismo; junto con Le Corbusier había editado en 1918 el manifiesto del purismo: *Après le Cubisme*. La nueva revista se consagraba a la "actividad contemporánea" en todas las artes, en la pintura, la plástica y la arquitectura, el cine y el teatro, y en la filosofía: en ella se ofrecían a la discusión las ideas y las obras más diversas y atrevidas. Constituye hoy una fuente indispensable para la historia del arte y del espíritu de nuestro siglo. Con el *Pavillon de l'Esprit Nouveau*, que en la Exposición de Arte Decorativo de París, en 1925, se convirtió en una piedra miliar del desarrollo de la arquitectura moderna, clausuró la revista su memorable existencia. Le Corbusier halló más tarde en los fascículos de *Plans* (1930-1933) y de *Prélude* (1933-1935) nuevos órganos para su creación. Los Congresos Internacionales de Arquitectura Moderna (CIAM), en cuyos programas teóricos colaboró de modo fundamental, le brindaron una mesa redonda para sus coloquios. La "Carta de Atenas", ley fundamental del nuevo urbanismo (1933), y la *"Grille Ciam"* (1947), sistema para clasificar y exponer de modo unitario problemas urbanísticos, son obra suya.

Los problemas que abordó en las revistas y los que brindó a la discusión en sus elocuciones programáticas fueron retomados en sus libros, los que le sirvieron para desarrollarlos, aclararlos y corroborarlos. Los títulos de las principales obras jalonan los estadios de su creación y apuntan a los centros de la obra a que consagró su vida: *Vers une Architecture* * (1922); *La Peinture Moderne* (1923); *L'Art décoratif d'aujourd'hui* (1924); *Urbanisme* (1924); *La ville radieuse* (1935); *Le Lyrisme des Temps Nouveaux et l'Urbanisme* (1939); *Sur les quatre routes* (1941); *La Maison des Hommes* (1942); *La charte d'Athènes* (1943); *Les trois établissements humains* (1944); *Propos d'Urbanisme* (1946); *Le Modulor* * (1950 y 1955); *Le poème de l'Angle Droit* (1952); *Une petite maison* (1955). Le Corbusier escribe sus libros de modo escueto, intuitivo, temperamental; bocetos dibujados en el mismo estilo ayudan al efecto de la palabra. Cada libro es "fragmento de una gran confesión"; retoma, pone a prueba y aclara un mismo tema general, a sa-

---

* Las obras señaladas con asterisco han sido traducidas al castellano, editorial Poseidón, Buenos Aires. (N. del T.)

ber: el hombre y el mundo formado por él en la era técnica. Lo que piensa Le Corbusier sobre los problemas y las soluciones referentes a ese tema será esbozado en los capítulos siguientes de nuestra exposición; previamente, pueden bastar algunas indicaciones generales sobre las piedras angulares en que se apoya su construcción ideológica: hombre, actualidad, tradición, naturaleza.

Al hombre se lo ve en la realidad de nuestro tiempo y se le pregunta qué arte responde a su situación. La investigación comienza por el cuadro que cuelga de nuestra pared y se extiende concéntricamente al orden de la habitación, la casa, la ciudad, la aldea, el paisaje. ¿Cómo deben ser estas cosas para que ayuden al hombre de hoy a conservarse sano, a afirmarse en su dignidad, a levantar su espíritu y a fortalecer su alma?

Para responder, Le Corbusier interroga a la historia; desde los años de sus viajes estudió las casas, lugares y ciudades de la historia. Sus cuadernos de viaje y libros posteriores, como *Quand les Cathédrales étaient blanches** (1937) y *Propos d'Urbanisme* (1946), atestiguan un exacto conocimiento de los monumentos de Occidente. Le Corbusier sabe que

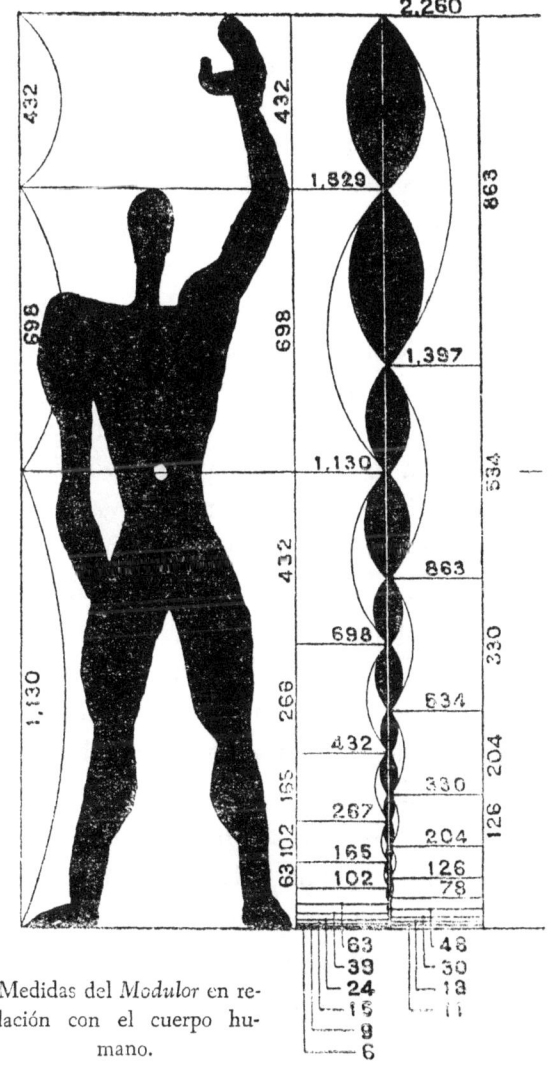

Medidas del *Modulor* en relación con el cuerpo humano.

es contradecir su sentido el copiarlos para los fines de nuestra época. Pregunta cómo en ellos los antiguos constructores, con los medios y las formas propios de su tiempo, resolvieron los problemas del hombre y de la comunidad de entonces; y halla así ciertas actitudes y relaciones elementales. A ellas pertenece esa intuición de los constructores de la culminación del Medioevo, según la cual los números son fuerzas eficientes. De esa intuición parte Le Corbusier en su *Le Modulor*: es una "nueva armonía según las medidas del hombre, aplicable a la arquitectura y la mecánica en general". Su sistema de medidas arranca de la sección áurea y de las proporciones del cuerpo humano; Le Corbusier vertió su complicada matemática en la escala numérica de tablas fácilmente legibles, que, en la era de la norma y de la serie, hacen para el arquitecto —al decir de Einstein— "lo malo difícil y lo bueno fácil".

No vivimos solos en nuestra nueva realidad y en la historia. Más antigua y menos cambiante que ambas es la naturaleza. El curso diario del sol y su luz; el aire; el agua como lluvia, río y mar; los árboles y las espigas, el cambio de las estaciones, son indispensables e imposibles de suprimir también para el hombre de la era de la técnica industrial. Le Corbusier indaga sistemáticamente las leyes elementales que rigen su naturaleza, su crecimiento y su actividad.

Esta triple búsqueda suministra los elementos de su teoría de la arquitectura, la cual pugna, en Le Corbusier, por lograr una respuesta al problema de la elaboración de un marco adecuado a la medida del hombre de hoy con las formas, los materiales, la técnica y la ciencia de la actualidad. Cuando el arquitecto francés Jean Mignot fue llamado en 1398 a Milán para mediar en la querella teórica que había estallado entre los arquitectos góticos nórdicos y los italianos, replicó a la tesis de estos últimos —según la cual una cosa era la ciencia y otra la arquitectura—: "¡La arquitectura sin ciencia es disparate!" La obra teórica de Le Corbusier se presenta como una única corroboración de esa idea intuida por su colega medieval. Le Corbusier no olvida, sin embargo, que sólo la varita mágica del artista pone armonía en la piedra y el hormigón. La arquitectura, en última instancia, tiene que ser poesía, "esa poesía que nace de una conexión de relaciones. Es en esas relaciones donde los objetos firmemente delineados entran en el gran juego de su vinculación interna. De cosas firmemente delineadas y objetivas nace de pronto algo inesperado, algo sorprendente, un milagro".

El arquitecto Le Corbusier no sólo mantiene fresco su vigor poético por medio de su libre creación en la pintura y la plástica, sino cultiva también el libre arte de la palabra, la poesía en el sentido estricto del concepto. Ejemplo bien conocido de esta posibilidad de su lenguaje es *Le poème de l'Angle Droit*. Apareció en la colección para bibliófilos de la editorial "Verve", donde lo habían precedido el *Divertissement* de Rouault, el *Jazz* de Matisse, *Le Chant des Morts* de Picasso y *Le Cirque* de Léger. Entre litografías a cuatro tintas se intercalan los versos en letra manuscrita del propio Le Corbusier. La ya observada unidad estilística entre palabra e imagen se condensa ópticamente allí. Le Corbusier permaneció fiel a su actitud de hacer que la persona se revele en la obra. El *Poème de l'Angle Droit* está lleno de su vida, lleno de poesía y de la sabiduría vívida de un hombre que, en la prueba de la existencia, considera lo mejor "en el saco de su piel / hacer

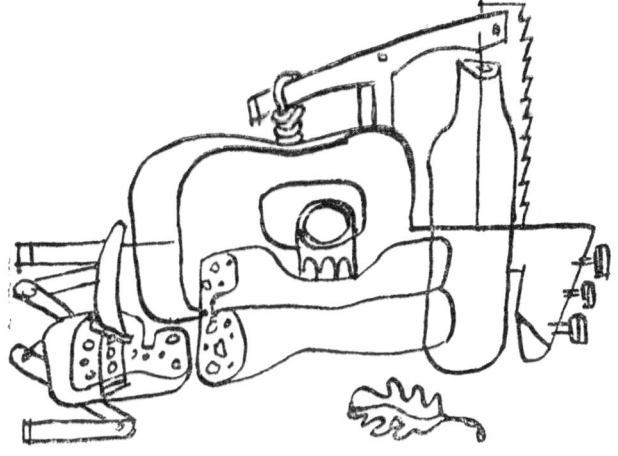

Una página del libro
Poème de l'Angle Droit, 1952.

sus propios asuntos / y dar gracias al Creador".

Pero el don de la palabra también oculta peligros. Le Corbusier no utiliza la palabra pura y simplemente para comentarse a sí mismo. En la boca y en la pluma del artista la palabra, no obstante, está siempre propensa a la autointerpretación. Las autointerpretaciones artísticas son valiosas manifestaciones para la obra; pero cuando se convierten, real o aparentemente, en un método, comprometen la creación del artista. Éste debe realizar sólo una mitad de su obra; la otra mitad han de cumplirla otros, o sea, los individuos y grupos que actúan como contratistas, compradores, críticos o intérpretes. Esta división bipartita vale sobre todo en el campo de la arquitectura. En ella no puede nacer obra alguna antes que ambas mitades se hayan reunido, cosa que aparece hoy particularmente difícil cuando el arquitecto es un artista de alta jerarquía.

Precisamente él necesita de la resonancia continua y preparatoria en el público, el eco orientador que la crítica y la interpretación producen. El arquitecto que se autointerpreta sistemáticamente intercepta ese eco. Emprende de antemano lo que es cosa de los otros, y no logra lo que ellos están en condiciones de proporcionarle. De este modo resulta un obstáculo para sí mismo. La palabra, ora la utilice de modo artístico, ora de modo interpretativo, sigue siendo en él parte de la primera mitad, y con ella nunca podrá sustituir la segunda mitad de la obra de arte.

LE CORBUSIER COMO PINTOR
Y ESCULTOR

Le Corbusier comenzó su camino artístico como dibujante y pintor; aunque la arquitectura lo seducía cada vez más, permaneció fiel a las artes pictóricas, y hasta halló entrada en el dominio de la tercera hermana, la escultura. El maestro dedicaba su larga jornada a la arquitectura, las artes plásticas y la palabra. Le Corbusier pintor encontró el campo apto para él en el cubismo. Cuando llegó a París en el año 1918, el cubismo estaba en su tercera fase, la sintética. En ella se habían cortado los últimos puentes provisionales con la forma naturalista, y se obtenía la imagen con signos y analogías. Con la abstracción del objeto, el color cobraba nueva vida: en grandes superficies, en el juego prismático de los cuerpos y en tenues transiciones, recobraba la calidez y el esplendor. Contra estos colores del cubismo sintético se rebeló el purismo; los encontraba impresionistas y decorativos, y quería purificar el cubismo llevándolo al rigor arquitectónico y a la precisión de la máquina. Le Corbusier fue vanguardista del purismo. En colaboración con Amedée Ozenfant, formuló el Manifiesto de esa pintura, que apareció en 1918 bajo el lema: *Après le cubisme*. El debate que promovió fue continuado en la revista *L'Esprit Nouveau*.

La tendencia arquitectónica, que se hace explícita en la teoría, determinó la obra pictórica de Le Corbusier desde la etapa del purismo de los primeros días hasta hoy. Las naturalezas muertas puristas son fascinantes organizaciones de superficies. Sus adquisiciones y modelos eran demasiado absolutos para dar a la pintura los nuevos impulsos a que se aspiraba. En cambio, tuvieron gran influjo sobre la nueva arquitectura, influjo que no se limitó a las construcciones de Le Corbusier. Desde el año 1923 la pintura de Le Corbusier obró de esa manera indirecta sobre la época. Durante muchos años se abstuvo de exponer sus cuadros: la atención del público debía dirigirse exclusivamente a la arquitectura.

Hacia fines de la década del 20 aparece en la pintura de Le Corbusier la figura humana, conformada de una manera que recuerda al mundo pictórico de Picasso y de Léger, pero ocupando entre ambos un lugar propio. Partiendo del negro, el blanco y los marrones del purismo, los colores se convertían en superficies continuas de la gama elemental: rojo, verde, amarillo y azul. Formas y símbolos se amplifican en vigorosos volúmenes; sus estructuras se tornan extraordinariamente dinámicas. Esta pintura de la síntesis lleva los puros símbolos y la figura humana, la perspectiva y la simultaneidad, la línea, la superficie y el espacio, el reposo y el movimiento, a ese grandioso unísono que tenía en vista Jean Gebser al formular su teoría de la era aperspectivista. No puede atribuirse a un azar el hecho de que esta pintura escultural fuera seguida de cerca por la arquitectura escultural de Le Corbusier. En seguida la tendencia arquitectónica repercutió en la ubicación del cuadro. Le Corbusier vio que la nueva pintura no podía cumplirse acabadamente en forma de cuadros enmarcados y colgados al azar. Comenzó entonces a confiar su obra pictórica directamente a las paredes; así la integración de pintura y arquitectura, ya en marcha desde los grandes modelos del purismo, se introdujo también en los planos superiores de la obra de arte total. Ejemplos importantes de sus frescos se encuentran en una casa de Cap Martin (Costa Azul), pintada en 1939, en la Casa Suiza de la Ciudad Universitaria de París (1948), en la casa del escultor de Nivola, en Long Island, y en su propio *atelier* de la rue de Sèvres, en París. Con igual fortuna se ocupó de la nueva forma del tapiz, al cual considera "el fresco de los nómades".

Como plástico, Le Corbusier llegó a una peculiar colaboración con el escultor italiano de Nivola, radicado en Norteamérica, y con el francés Savina, tallista que interpretó plásticamente en madera los cuadros de Le Corbusier y, más tarde, sus esbozos para esculturas. La escultura del propio Le Corbusier nace igualmente de su pintura. Esto ha de entenderse literalmente: en sus frescos, símbolos y figuras resaltan como vigorosos relieves. Otros se destacan enteramente de la superficie, convirtiéndose en libre escultura pintada. Y se amplifican desarrollándose en arquitectura: en el techo de la unidad de vivienda marsellesa, transfiguran los cuerpos de edificación funcionales; en la capilla de peregrinación de Ronchamp se integran de tal manera, que uno no sabe decir dónde termina la arquitectura y dónde comienzan la pintura y la escultura. En el Capitolio de Chandigarh la escultura recobra su fuerza plasmadora de símbolos, que enaltecen la construcción. Símbolos del curso solar, del *Modulor*, de la armonía, conducen a la "Mano Abierta", símbolo del encuentro humano. Tiene dieciséis metros de alto y está hecha del sencillo material con que los indos fabrican sus cántaros para el agua: madera tallada, reforzada con hierro forjado. Ese símbolo, que se afirma poderoso a la medida del lugar y de los cuerpos de edificación, descansa sobre un cojinete de bolas; los vientos de las montañas próximas lo asocian a su grandioso juego. Monumentalidad primordial, fuerzas de la tierra y el espíritu de nuestro siglo, que aspira a integrar el espacio y el tiempo en la obra de arte dinámica, van al encuentro allí; allí convergen el hito y el móvil.

EL ARQUITECTO

Cuando Le Corbusier comenzó su obra arquitectónica, la nueva arquitectura entraba en los años decisivos de su desarrollo. No era de ayer: tenía su historia ya. El siglo XIX había utilizado como nuevos materiales el hierro, el cemento y el vidrio, y desarrollado una nueva estática, asumiendo como nuevas tareas la fábrica, la estación ferroviaria, la sala de exposición, el puente elevado, la gran tienda y el edificio de muchos pisos. Hacia fines del siglo, los arquitectos del nuevo estilo crearon los modelos fundamentales de la nueva casa habitación.

Al historicismo, cómodo y antihistórico método de construcción imperante en el avanzado siglo XIX, la nueva arquitectura opuso obras que no enmascaraban el material y la función bajo formas tomadas en préstamo al gótico o al barroco. El arte y la técnica iban a su mutuo encuentro, y a su unión contri-

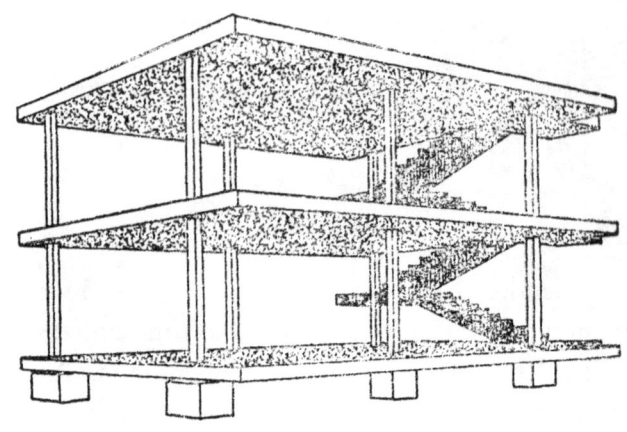

Esquema de construcción de la casa-tipo *Dominó*, 1914-15.

buyó la Asociación Gremial Alemana (*Deutsche Werkbund*), a la que siguieron asociaciones de espíritu similar en otros países; en 1907 construyó Peter Behrens la sala de turbinas de la Compañía General de Electricidad de Berlín; Walter Gropius, en 1911, el edificio Fagus, en Alfeld; Auguste Perret, en 1915, los *docks* de Casablanca: se dibujaban los contornos de un nuevo estilo arquitectónico.

Cuando en 1918 Le Corbusier fue a París, la nueva arquitectura estaba entregada a la tarea de proyectar, sobre esas bases, las nuevas casas para la vivienda y el trabajo, el descanso y el culto, y la nueva ciudad en el paisaje nuevo. Tenía que responder a la pregunta de si la técnica era bendición o maldición, de si el hombre de la nueva era estaba en condiciones de utilizar con pleno sentido la gigantesca herramienta que se había labrado: la técnica industrial y las ciencias naturales. En procura de la respuesta artístico-arquitectónica luchaban muchos grupos y maestros: en Alemania, la "Casa de la arquitectura" (*Bauhaus*), bajo la dirección de Gropius y Mies van der Rohe; en los Países Bajos, el grupo *Stijl*, con van Doesburg y Oud; en Estados Unidos, Frank Lloyd Wright. Suiza y Francia entraron con Le Corbusier en la hermandad de esos grandes del siglo.

"MAQUINA DE HABITAR" Y UNIDAD DE VIVIENDA

Le Corbusier comenzó su obra arquitectónica con el proyecto para casas habitación. La arquitectura sólo podía reorientarse hacia el servicio del hombre si comenzaba su nuevo ordenamiento a partir de la célula arquitectónica: el ambiente habitado. La primera contri-

La *Casa junto al mar*. Vista desde el cuarto de estar (líving) de la disposición en dos pisos de las habitaciones contiguas.

bución de Le Corbusier a la solución del problema hombre y arquitectura en el siglo XX fueron las casas *Dominó*, que desarrolló en 1914-15. Era un tipo destinado a la reconstrucción de barrios destruidos durante la guerra. Los bloques de vivienda de dos pisos, cúbicos y situados en medio de extensiones de césped y jardines, debían montarse con secciones *standard*, prefabricadas, de hormigón. Los techos de cada piso descansaban sobre unos pocos soportes del mismo material. Esta construcción, al sostenerse por sí misma, desembarazaba a las paredes de su antigua función de sustentar los techos y el tejado. Con ello, se daba al arquitecto libertad para distribuir en el espacio paredes, ventanas y puertas, sin sujetarse a consideraciones de estática La pura superficie recobraba su dignidad. Aunque se evitaban la decoración y el ornamento, la habitación y el edificio eran obras de arte, porque las superficies horizontales y verticales se conjugaban plenamente en relaciones armoniosas. Estéticamente, Le Corbusier se anticipaba a los estudios espaciales del grupo holandés *Stijl*, cuyos cuadros son considerados hoy como arquetipos del arte moderno; mientras que técnica y económicamente, presentaba a consideración una posibilidad arquitectónica que, al avanzar el siglo, aguardaría cada vez más urgentemente su aplicación: hacer de la casa prefabricada un objetivo de producción para la gran industria.

La planta de las casas *Dominó* era lógica y funcional; pero se aferraba aún, en el modelo producido, a los cuartos, pasillos y cajas de escalera rectangulares y cerrados. En la *Casa junto al mar*, que Le Corbusier proyectó en 1916, se daban los comienzos de esa integración de las habitaciones y los pisos que más tarde se denominó plano libre y planta libre. El cuarto de estar (líving) abarca, en altura, los dos pisos de la casa; con paredes de vidrio y persianas, se abre a la terraza, al paisaje y al mar. En la segunda mitad de la casa se introduce la división en dos pisos. El comedor, la cocina, la biblioteca y los dormitorios tienen la altura usual de planta baja y planta alta. Pero no se cierran, a manera de celdas, con respecto al espacio dominante del líving: este ambiente principal se prolonga directamente, por pasillos sin vidriera, en las habitaciones accesorias de la planta baja. En la planta alta, a la que conduce una escalera de caracol, se continúa por una galería que por

Weissenhof, en Stuttgart. Casa para una familia. "Máquina de habitar" del tipo *Citrohán*: planta del subsuelo. 1925-27.

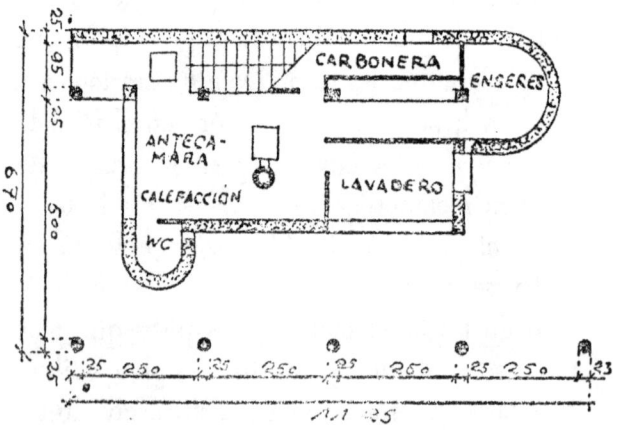

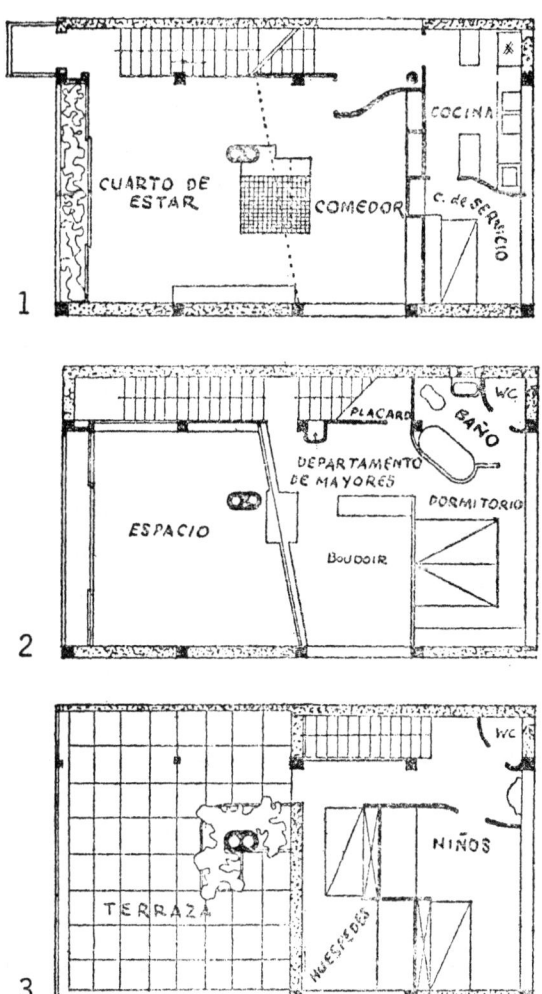

1) Planta baja; 2) Primer piso. A la izquierda, patio correspondiente al gran líving de la planta baja; 3) Ultimo piso. A la izquierda, terraza con jardín.

delante da al espacio abierto y por detrás a los dormitorios.

En la casa-tipo *Citrohán* se desarrollan estos primeros ensayos. Le Corbusier la proyectó en 1920, la mejoró para la Exposición de Otoño de París de 1922 y la construyó en 1925-1927 en el Establecimiento Weissenhof, de Stuttgart. Le Corbusier encontró en ese barrio, construido por el *Deutsche Werkbund* con motivo de su exposición, la primera oportunidad de poner su casa-tipo en competición con construcciones de Gropius, Mies van der Rohe, Poelzig, Behrens, Oud, Hilberseimer, Stam, Taut y otros, y presentarla a discusión. Su casa-tipo *Citrohán* fue el proyecto más decisivo para la vivienda de la era técnica. Esas casas en serie, de secciones prefabricadas, tienen en el subsuelo el lavadero y el cuarto de enseres. Casi la mitad de la planta baja y del primer piso está ocupada por un líving que, como en la Casa del Lago, se eleva a dos pisos de altura. Por una pared vidriera, se abre visual y, con buen tiempo, también espacialmente a la terraza. La casa, en su segunda mitad, tiene la usual división en pisos. En la planta baja, el líving se prolonga íntimamente en comedor (de un solo piso de altura). A un lado de estos dos ambientes libres y continuos, se agrupan, como espacios cerrados en sí, la cocina, el cuarto de servicio, el WC, el pasillo y el guardarropa. Están en su debido lugar y reducidos a las dimensiones indispensables. En el espacio del primer piso correspondiente al comedor, la cocina y el cuarto de servicio de la planta baja, están dos cuartos para los mayores, el baño y el

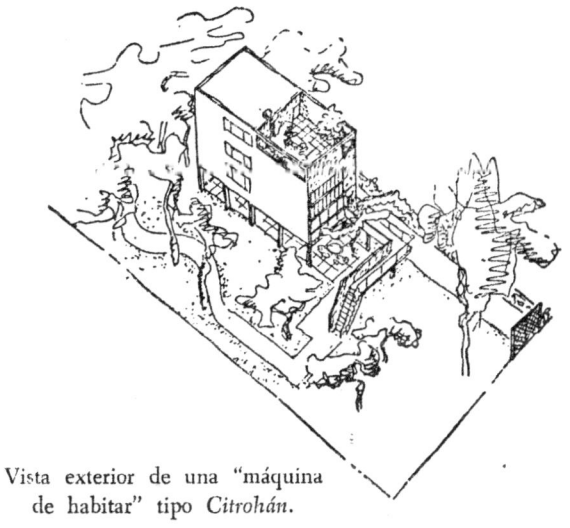

Vista exterior de una "máquina de habitar" tipo *Citrohán*.

WC, y, en el segundo y último piso, el cuarto de los niños y el de huéspedes. Frente a ellos hay una terraza-jardín que corresponde al techo del gran líving. La casa realiza el sueño de los arquitectos del nuevo estilo: es "la casa a pleno sol".

La segunda casa construida en Stuttgart varía el tipo mostrando así aún más claramente su tendencia. Es una casa doble, sostenida por pilotes en su mitad anterior, de modo que ambas unidades de vivienda tienen en la planta baja un espacio libre techado correspondiente a esa mitad, tras el cual —con las ventanas en la pared posterior— están el cuarto de servicio, el cuarto de depósito y el cuarto de enseres. El primer piso es un gran ambiente continuo, abierto al sol y al aire por una serie de ventanas. En el lado menor están, sobre un mínimo de superficie, cocina y baño; y en la pared posterior hay tabiques móviles y cofres. Con el contenido de éstos y con los tabiques, los habitantes pueden, ejecutando ciertas maniobras, armar cabinas dormitorios que recuerdan a las de los coches dormitorios de los ferrocarriles. El último piso es una terraza-jardín. La sección trasera del edificio contiene el lavadero, para la planta baja, y un cuarto de trabajo y una biblioteca, para los dos pisos.

La casa-tipo *Citrohán* fue la contribución

decisiva de Le Corbusier a la solución del problema arquitectónico de la vivienda del siglo XX, y quedó como fundamento de todos sus esfuerzos posteriores en pro de la vivienda adecuada para la era técnica. Esa "máquina de habitar", que puso el nombre de su inventor en boca de todo el mundo, sigue hoy en día alabada, incomprendida y criticada, y tan actual como en el año 1925.

¿Por qué "máquinas de habitar"? Le Corbusier escribía en 1922, en su libro *Vers une Architecture*: "El avión es un logro de la más alta selección. El avión muestra con qué consecuencia puede desarrollarse un problema desde sus datos hasta su solución. Los principios actuales de la arquitectura no responden más a nuestras necesidades. En la cuestión de la vivienda hay ciertas normas. Mecanización significa economía, y economía significa selección. La casa es una máquina de habitar." En la casa-tipo *Citrohán* Le Corbusier sacó las consecuencias de este punto de vista. En ella redujo, funcional y económicamente, a lo estrictamente necesario los pasillos y los cuartos accesorios, como es usual en aviones y ferrocarriles. El espacio así ahorrado se utiliza en beneficio de esa serie de ambientes que sirve al hombre en sus horas de vigilia: el gran cuarto de estar, ampliado por la terraza y complementado por el jardín. Todo eso ocupa unos dos tercios de la superficie de la casa. Los espacios destinados al sueño y a las tareas domésticas se reducen a las dimensiones suficientes. Sin embargo, cumplen su objetivo, en cuanto están allí donde se los necesita: la cocina junto al comedor, y un WC en cada piso. Sólo figuran los muebles que se utilizan, y son tan funcionales y bellos como la arquitectura misma. La economía en la utilización del espacio se complementa con el ahorro de energía humana. Gracias a una adecuada ordenación, la casa nos evita rodeos inútiles, nos ahorra trabajo y está a la mano como una máquina que funciona bien. También la economía es el motivo por el cual se construye la casa por secciones prefabricadas. El método es apto para bajar el precio de la construcción. Así, el hombre precisará dedicar menos dinero a la fundamental necesidad de la vivienda; deberá trabajar menos. Al disminuir las horas de trabajo, gana en tiempo libre. Su casa le da la posibilidad del ocio en que ser hombre.

Se reconocieron las ventajas funcionales de la "máquina de habitar". Pero el ojo fatigado por lo convencional retrocedió ante la simplicidad cúbica de esas formas desarrolladas a partir de la superficie. Se sintió herido: echaba de menos el elemento artístico en que se perfecciona la arquitectura. Le Corbusier había escrito en su libro *Vers une Architecture*, en que discute la máquina de habitar: "Arquitectura significa reorganización del material en correlaciones que tocan a lo profundo. Arquitectura es estructuración creadora, espíritu de orden, unidad de concepción, sentido de las conexiones; la arquitectura trabaja con medidas. Con la piedra inerte, la apasionada dedicación construye un drama." Respondió a estos postulados con su "máquina de habitar" *Citrohán*, que es arquitectura de alta jerarquía. La arquitectura no se perfecciona en los hermosos detalles y la ornamentación, sino en la planta, la construcción y el espacio. Quien valore según estos criterios la "máquina de habitar", verá en la sucesión de espacios y en la construcción de paredes y ventanas primordiales modelos geométricos del arte; verá la pared devuelta a esa dignidad a que la Edad Media la elevó como superficie sagrada.

Esas formas, más movidas, de elaboración

del espacio traen un nuevo tono al contrapunto arquitectónico; la curva sobre todo, que es más antigua que la línea recta. A partir de ella se despliegan las escaleras en curva y las paredes de los cuartos accesorios, que muchas veces, como las construcciones de los barcos, se yerguen en medio de un amplio espacio libre. A la vez, ponen acentos plásticos elementales. En la sucesión de ambientes de variadas formas y dimensiones, en los prototipos de paredes, suelos y techados, en la interpenetración de superficies horizontales y curvas, interviene en las casas de Le Corbusier ese drama de profunda armonía al que llamamos arte.

En el gran líving y en la planta libre de la casa se vio un peligro para el hombre en cuanto individuo. Se reprochó a Le Corbusier construir las células germinales del colectivismo. Quien juzga así la "máquina de habitar" interpreta mal sus posibilidades y su propósito. Aun el segundo tipo de vivienda de Stuttgart fomenta el individualismo más que el tipo de planta habitual. El individuo puede hacer con el amplio ambiente lo que quiera, puede instalarse en él de noche y de día, según convenga a sus necesidades y su comodidad. Los beneficios posibles de ese espacio no constreñido por el arquitecto a una finalidad única, han podido experimentarse en Europa en los años de la gran migración y de los refugiados. Pero las "máquinas de habitar" no se agotan en ese fomento de un sano individualismo.

La integración de sus ambientes sirve igualmente a los elementos funcionales y artísticos del hombre en cuanto totalidad, que, como esencia anímico-espiritual, se halla en una continua interrelación del yo y el tú. Esta relación perdió su equilibrio en el siglo XIX: un individualismo egoístamente exaltado y un descabellado colectivismo trastornaron, en lo grande y lo pequeño, la comunidad humana. La vivienda de la nueva arquitectura, que cobró forma en la "máquina de habitar" de Le Corbusier, quisiera restituir el orden a la sociedad partiendo de la propia célula nuclear. En vez de las células cerradas características de las viviendas habituales, ofrece, con su planta libre, grandes ambientes principales, en que la familia, hasta ahora reducida a individuos aislados, puede recobrar su sentido de comunidad. Los cuartos accesorios dan la oportunidad de estar solo. Las paredes transparentes abren la casa a la plaza o al jardín; queda superado el antiguo dualismo entre ambientes encerrados en la construcción y el paisaje circundante. Al construir, el arquitecto preforma la familia y la vida familiar. La casa se constituye en algo más que la suma de células yuxtapuestas, y la familia en algo más que la suma de sus miembros, con sus vidas aisladas. Le Corbusier y los arquitectos modernos de espíritu semejante devuelven a la familia la antigua tienda, que alberga al individuo y lo pone en conexión con su prójimo, y abre la comunidad así formada al orden más amplio de la vecindad y la vida urbana. Para esta comunidad superior construyó Le Corbusier, veinticinco años más tarde, la unidad de vivienda en el bulevar Michelet, de Marsella. Las ideas de la casa-tipo *Citrohán* alcanzaron allí su madurez y más amplio orden. La unidad de vivienda es la segunda contribución fundamental de Le Corbusier para la construcción de la nueva morada. Entre la "máquina de habitar" de Stuttgart y la unidad de vivienda de Marsella están los trabajos teóricos y prácticos de un cuarto de siglo, que representan casas para determinados tipos de profesiones: para el artista plástico, el ingeniero, el agricultor: son conocidas las casas para el pintor Ozenfant y para el escultor Lipschitz.

En su labor teórica, Le Corbusier desarrolló tipos correspondientes a familias de la más diversa amplitud: viviendas para dos, tres, cuatro, cinco y seis personas tuvieron así sus plantas funcionales. La casa-tipo *Mínimum* demostró que se pueden lograr con el mínimo espacio y el material más sencillo casas útiles y bellas. En 1925, construyó junto al lago de Ginebra la casita para sus padres. En ella aplicó el modelo de la "máquina de habitar" a un mínimo de espacio. Con una superficie útil de sólo 56 metros cuadrados, obtuvo, además de los cuartos necesarios para la economía doméstica, y un cuarto separado, una habitación de uso múltiple, que mide 14 metros de largo y tiene una ventana por la que se abre, sobre una longitud de 11 metros, al grandioso panorama del lago. Le Corbusier tiene particular maestría para la construcción de casas pequeñas, demostrada en esa "máquina de habitar *Minuscel*", y corroborada más tarde con la casa de fin de semana que erigió en 1935 en las afueras de París dándole la forma de un pabellón en medio de

La casita junto al lago de Ginebra.

Planta de la "máquina de habitar", de superficie mínima. 1925.

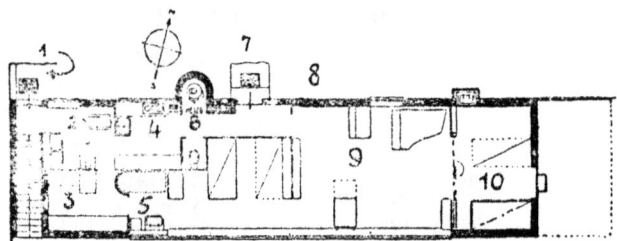

1) Entrada de servicio. 2) Lavadero. 3) Guardarropa. 4) Cocina. 5) Baño. 6) Calefacción. 7) Entrada. 8) Jardín delantero. 9) Líving. 10) Habitación.

árboles intactos, con su tentativa de adaptar a nuestros requerimientos en materia de vivienda las antiguas construcciones de la Costa Azul, desplegándolas al aire y al sol. Ello condujo a los proyectos para núcleos de vivienda en Sainte-Baume y a los modelos *Roqu* y *Rob* para Cap Saint-Martin. La realización arquitectónica de estas tentativas es la casita de vacaciones de Le Corbusier en Cap Saint-Martin, construcción prefabricada que mide 366 x 366 centímetros. El ambiente único contiene lo que espera el hombre que busca descanso; gracias a la conjunción del *Modulor* y la "máquina de habitar", se logró un pabellón de paz y ocio, cómodo, práctico y armoniosamente bello, que exhibe —y no sólo en las pinturas murales— la jerarquía artística de Le Corbusier.

En 1925 comenzó también la aventura de Pessac. El industrial Frugès encargó a Le Corbusier aplicar sin concesiones su idea de la máquina de habitar a una colonia de trabajadores. Le Corbusier adaptó el tipo *Citrohán* a casas de dos y tres pisos. Respondió a los requerimientos del hombre en la era de la técnica industrial. Trató el espacio con más economía aún que en Stuttgart. Las escaleras fueron dispuestas contra la pared exterior, pues, en el interior de la casa, ocupan un espacio aprovechable con mayor sentido. Con la grandiosa armonización de cubos y superficies coloreadas, las casitas se erguían como bellos modelos de arquitectura, pintura y escultura en el verdor de los jardines. Nuestra mirada retrospectiva cuenta ese establecimiento entre las **realizaciones arquitectónicas más felices de la gran década del 1922 al 1932**; pero, para la Francia de esos años, constituyó un escándalo: prohibición de construir, corte del agua, tres visitas ministeriales, campañas

Casa de fin de semana, en las afueras de París. Diáfano pabellón diferenciado, en un bosquecillo virgen. 1935.

Casa Suiza, en la ciudad universitaria de París. 1930-32.

de prensa y, finalmente, partida de los habitantes de ese paraíso calumniado, señalan los capítulos de una historia tumultuosa que se lee como una novela de Balzac.

La vivienda para varias familias cobró forma en el sentido de Le Corbusier con la construcción en la *Porte Molitor*, de París, y con la casa *Clarté*, en Ginebra. Un interés particular movía al errabundo individuo del siglo XX. Le Corbusier construyó una barca del Sena como asilo de invierno para los *clochards*.* La *Cité de Réfuge* de París

* Vagabundos. (N. del T.)

surgió en 1932-33 como la primera casa de vidrio, herméticamente cerrada y ventilada sólo por aire acondicionado. La Casa Suiza de la Ciudad Universitaria de París se convirtió en un "laboratorio de la arquitectura moderna". El edificio no descansa directamente en tierra: se eleva sobre pilotes de hormigón, que ya habían aparecido en las casitas de Stuttgart. La casa es a prueba de humedad: está montada con armazones de acero y planchas metálicas; y cada cuarto es a prueba de ruido. Los cuerpos de edificio son altos y angostos. Sobre sus pilotes, están ampliamente abiertos al aire y al sol, que, gracias a esa misma angostura, pueden penetrarlos enteramente. En esta construcción, Le Corbusier siguió el modelo de un árbol esbelto, que a determinada altura despliega sus cortas ramas: el árbol prefiere la elevación a la anchura, porque de ese modo echa más hojas y recibe más aire y sol.

La forma adecuada del moblaje y los utensilios domésticos, en que Le Corbusier se ocupó para equipar sus casas, se exhibió amplia y sistemáticamente en el Salón de Otoño de 1929. Los armarios, mesas, asientos y lechos que había ideado en colaboración con

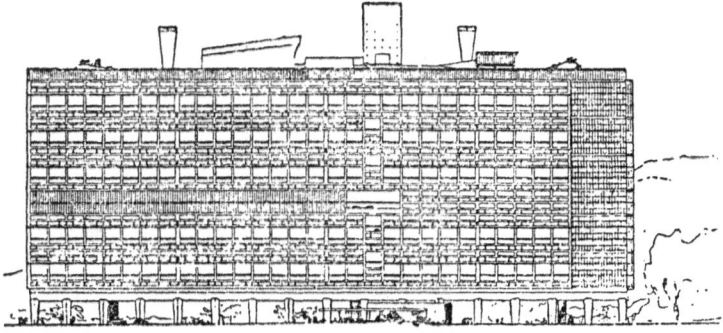

La unidad de vivienda de Marsella, fachada este. 1952.

Charlotte Perriand seguían los principios fundamentales de su arquitectura. Armarios tipificados, mesas de medidas apropiadas, asientos dispuestos para las diversas funciones del reposo y del trabajo, todo construido con los nuevos materiales, vidrio y metal, complacieron ojos, manos y espaldas de los amigos de las nuevas formas, pero chocaron a los demás, y quedaron aguardando fabricantes que los produjeran en serie.

Tentativas y dudas, ensayos y maestría, reveses y éxitos, aplauso y odio, experiencia y teoría de muchos años, le sirvieron a Le Corbusier para crear la gran unidad de vivienda de Marsella. La idea de la unidad de vivienda no se le ocurrió por vez primera en el año 1945, sino ya en 1907, en una visita a la Cartuja de Ema, en la Toscana. Mostró los primeros planos en el Salón de Otoño de 1922, y se siguió ocupando de ellos más tarde, tanto verbalmente como en forma de proyectos. La idea había madurado ya cuando pudo realizarla — tarde, como todas sus ideas —, de 1947 a 1952, en Marsella. La unidad de vivienda se construyó por encargo del Ministerio de Reconstrucción, de Francia. Lo que en otro tiempo le había ofrecido un particular de visión aguda, el industrial Frugès, se lo concedía esta vez el Estado: poner a prueba, libre de toda prescripción, su idea sobre la nueva vivienda comunitaria. Lo que había

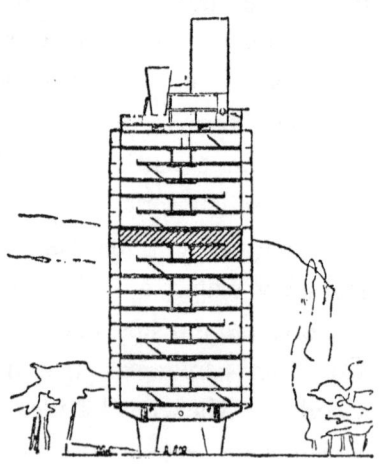

La unidad de vivienda de Marsella: sección transversal. La superficie grisada muestra uno de los elementos de vivienda.

acompañado a los trabajos de construcción de Pessac se repitió, pero sólo como un eco apagado, en Marsella: enemistad, terror y necedades de toda especie. Los ministros de Reconstrucción, sobre todo Claude Petit, permanecieron firmes: tras cinco años bien movidos, la construcción de Marsella llegó a buen fin.

La unidad de vivienda es una casa de altos, de 165 metros de largo, 55 de altura y 24 de ancho. La construcción se asienta sobre pilotes de hormigón que soportan el piso artificial, bajo el cual tienen lugar de estacionamiento autos y bicicletas, y por encima se yerguen diecisiete pisos que contienen 337 viviendas de 23 tipos diferentes, para unas 1.600 personas. Hay viviendas para individuos solos, para matrimonios sin hijos, para familias de dos a ocho hijos. Sirven para las comunicaciones verticales ascensores y escaleras; y para las horizontales, cinco calles internas, amplios corredores, que recorren la construcción por el centro y a lo largo. Las viviendas se apoyan sobre un gran esqueleto de hormigón. El todo está construido como una estantería, en cada una de cuyas divisiones horizontales se coloca una botella a cada lado; las botellas se superponen de tal modo

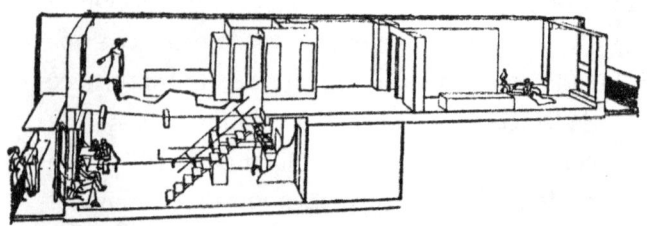

Vista interior de un elemento de vivienda. A la izquierda, la sala con el gran balcón; a la derecha, el cuarto de los niños, con balcón pequeño.

que el cuello de la primera está bajo la base de la segunda, y el cuello de la segunda sobre la base de la primera. De este modo se disponen las unidades de viviendas en las divisiones del esqueleto de hormigón. Cada elemento tiene una parte de dos pisos y otra de uno. Si se siguen los elementos de vivienda horizontalmente en las divisiones del esqueleto, se alternan como las botellas en dicha estantería: uno de los elementos tiene la parte de dos pisos hacia la planta baja, y el otro la tiene hacia la planta alta. Los elementos de vivienda cercan la calle interior. Las puertas de entrada están para un elemento en la planta alta y para el otro en la planta baja de la sección.

El líving de cada unidad de vivienda abarca dos pisos, y tiene 4,80 metros de alto. En su parte posterior da a una estructura de dos pisos, donde se hallan la cocina, los dormitorios y otras habitaciones; sigue luego la parte de un solo piso, en cuyo extremo se alberga el cuarto de los niños, que por un balcón pequeño recibe luz desde el otro punto cardinal. Cada vivienda, por el balcón grande del líving y el pequeño del cuarto de los niños, da entrada al aire libre y al sol por el este y el oeste, y se abre a los Alpes Marítimos y al mar. La pared exterior del líving, que mide 4,80x3,66 metros, es enteramente de vidrio; en uno de los elementos de vivienda mira al este y en el otro al oeste. Ante la pared se extiende un balcón que prolonga la habitación en pleno aire libre; su ancho y su borde oblicuo desde media altura están calculados de modo que intercepten los rayos del sol. El sol es amigo del hombre, pero también su enemigo en la estación cálida. El problema de proporcionar a la vivienda una luz solar que en ninguna época fuera molesta, tuvo ocupado a Le Corbusier desde 1928. Desarrolló así el sistema del balcón parasol. Las paredes, las balaustradas, los techados y los sobradillos de los balcones están dispuestos en forma tal que el ángulo de incidencia de los rayos del sol hace que el ambiente reciba una agradable luz solar en todas las épocas del año.

De manera igualmente adecuada se utiliza la iluminación artificial. Le Corbusier, en las unidades de vivienda, no cuelga arañas: la luz llega al ambiente desde las paredes o del techo, en determinado ángulo, y contribuye al orden arquitectónico. Las fuentes lumínicas de las calles interiores, iluminadas artificialmente, se hallan por sobre las entradas de las viviendas, y las entradas mismas están acentuadas con colores fuertes: todo lo cual apunta precisamente a lo que uno busca en esos corredores. Tampoco las calles de la ciudad que conducen a la unidad de vivienda tienen los faroles de costumbre, que, a considerable altura, derrochan sus luces en la calzada y hacen competencia a las estrellas, sino que poseen anchas fuentes lumínicas de hormigón abiertas por arriba, cuya luz ilumina la calzada desde una altura menor que la de los ojos del automovilista.

Las viviendas son altamente funcionales, con aire acondicionado, aislación de ruidos por medio de placas de plomo, ventilación y eliminación automática de residuos. Sin embargo, con eso no queda aún funcionalmente estructurada la vivienda dentro de la unidad. El arquitecto tenía que considerar otras necesidades del individuo y la familia. El ama de casa debe realizar las compras diarias; la familia necesita de lavandería, droguería, farmacia, cigarrería. Los solteros quieren comer; se querría formar tertulia en torno a unas botellas de vino. Vienen huéspedes que no podemos alojar en la vivienda. Por la mañana queremos leer el diario, o un libro al terminar la jornada. ¡Qué gasto de tiempo y energía si hemos de satisfacer esas necesidades en los diversos lugares dispersos por la ciudad! Le Corbusier ofrece a los habitantes de su unidad de vivienda todos los servicios en la propia casa y al alcance de la mano. A media altura del edificio, los pisos séptimo y octavo están dedicados a los servicios generales de la comunidad. Una calle comercial interna ofrece todo cuanto buscamos: la lechería, la peluquería, la cigarrería, la librería, la oficina postal, el restaurante o el hotel. El principio de ahorrar al hombre tiempo y energía, aplicado primero al elemento de vivienda, se aplica ahora a la unidad de vivienda en conjunto.

Pero nuestra vida no se reduce a las necesidades mercantiles. Los niños necesitan ser cuidados en ausencia de los padres, quieren jugar con otros niños; si un miembro de la familia enferma, necesita asistencia; nos gusta tomar sol y bañarnos sin impedimento, asociarnos con los demás en el paseo o el deporte. Para todo eso sirven el último piso y la azotea. Allí encontramos una sala de primeros auxilios, el jardín de infantes con casa-cuna, pileta de natación, solario, sala de gimnasia, pista de entrenamiento de 300 metros de largo, un campo de juegos, un mirador, un pequeño bar.

La unidad de vivienda no se prolonga únicamente en esa azotea múltiple. Un breve descenso nos conduce a un parque de casi 3,5 hectáreas de superficie. Le Corbusier no construye tan alto por capricho. El espacio así ganado, lo destina a los paseantes y al juego de los niños: en el sol y el viento, que viene con fuerza del mar o de los Alpes Marítimos, ellos recobran su antiguo derecho real a la tierra.

La unidad de vivienda no se agota en la función. Es un logro arquitectónico. Lo que desde los comienzos movió a Le Corbusier, lo que investigó y perfeccionó como arquitecto, pintor y escultor, se realiza en ella en una promisoria unidad. El elemento de vivienda tiene las proporciones del *Modulor*, que le dan una armonía apta para refirmar y corroborar la persona humana. Le Corbusier incorpora igualmente a esta armonía los espacios de entrada, las calles interiores y las paredes externas del cuerpo de edificación; recuerdan las composiciones geométricas de la pintura moderna, cuyos grandes modelos están aplicados allí. La construcción y la composición se complementan: en medio del edificio, el arquitecto necesita el espacio de los balcones para puertas-ventanas; entonces pone ante la pared vidriera, como parasoles, altos paramentos de hormigón que abarcan dos pisos. La caja de la escalera y del ascensor no requiere balcones; recibe ventanas cuadradas, que dan a su pared una estructura de divisiones pequeñas. La faja horizontal de la calle comercial interior y la monumental pilastra de la caja de la escalera subdividen la gran composición de la pared lateral, dándole proporción y variedad.

Le Corbusier es un maestro de la composición mural. Los muros de la Casa Cook, en

París, de la Casa Savoye en Poissy, del establecimiento Weissenhof, en Stuttgart, y de la Casa Suiza en la Ciudad Universitaria de París eran grandes promesas. Le Corbusier no se contentó en Marsella con cumplirlas. Aun en la pared externa, armonizó la superficie con el volumen: los balcones introducen prístinos elementos plásticos en el cuadro de superficies, y sombras en el juego de la luz. En la azotea, las construcciones se convierten en monumentales símbolos escultóricos; ante la pared norte, sin ventanas, la escalera de incendio se levanta como un drama de hormigón. Las masas compactas y la ruda piel del hormigón se convierten en fuerzas de expresión artística. Del hormigón nacen tonos rojos, verdes, amarillos y azules; las paredes laterales de los balcones están pintadas con rayas claras de colores puros. "¿Habéis visto un cerezo o un manzano en flor? Tenéis en ellos, por un lado, la corteza áspera, negra o marrón, llena de rudezas e irregularidades; por el otro, las flores radiantes en toda su belleza. Ambas operan juntas, la corteza y las flores", dijo Le Corbusier acerca de esa armonía de contrastes. También dentro se dan posibilidades de tonos cromáticos, sobre todo en las calles interiores, con armonía cada una con uno de los colores fundamentales.

El objetivo de esta genial empresa no era la simple funcionalidad del edificio; tampoco surgió como una pura obra de arte, como *l'architecture pour l'architecture*. Como integración de la función y del arte, la unidad de vivienda está al servicio del hombre, de su cuerpo y de su alma. Ofrece a la familia la recta ordenación del yo y el tú; y eleva esa ordenación más allá de la familia, hasta la comunidad vecinal al alcance del individuo. La unidad de vivienda se convierte en una comunidad verticalmente construida; la antigua institución histórica del vecindario urbano halla una nueva forma, posible en nuestro tiempo. El elemento de vivienda ofrece al hombre la oportunidad de estar en familia y a solas; la unidad de vivienda da a la familia la posibilidad de estar a solas y dentro de la comunidad del vecindario, al que encuentra en la calle comercial, en la azotea o en el parque. La a menudo lamentada soledad del hombre en la gran ciudad queda arquitectónicamente superada. Si alguien en esa casa desespera por sentirse solitario, la culpa es exclusivamente suya. Quien no encuentra

Casa-habitación de altos, "tipo Berlín", en el Triángulo de Heilsberg, sobre el Estadio Olímpico de Berlín. 1957.

por sí mismo el camino hacia la comunidad vecinal, recibe la ayuda del consorcio, al cual se incorpora el locatario de la unidad de vivienda en el día de la inauguración de la casa. El consorcio no aspira simplemente a organizar una comunidad, sino también a fomentar la amistad y el hacer comunitario en el orden cultural, social y deportivo. En la unidad de vivienda, la arquitectura ha recobrado su sentido originario de arte ordenador, curativo y social.

La unidad de vivienda responde a la demanda de nuestro tiempo por la casa que llegue, por el camino de la gran arquitectura, de la función al símbolo. Así lo confirmó el personal de los astilleros de Nantes, el cual constituyó un consorcio de edificación para encargar a Le Corbusier una unidad de vivienda. El edificio sigue el modelo de Marsella y aprovecha las experiencias allí realizadas, salvo algunas mejoras de técnica constructiva. Desgraciadamente, dificultades financieras obligaron a Le Corbusier a prescindir de la calle comercial interior de Marsella, orientación comunitaria modelo. Las unidades de vivienda de Estrasburgo han quedado hasta hoy en plano y proyecto. Alemania, que había proporcionado a Le Corbusier una oportunidad decisiva con el establecimiento Weissenhof, de Stuttgart, en ocasión de la memorable exposición del *Werkbund*, no olvidó, en 1957, durante la preparación de la Exposición Internacional de Arquitectura de Berlín, al maestro de la "máquina de habitar". En Neu-Westend, en el Berlín occidental, construyó Le Corbusier, como contribución a esa muestra, una unidad de vivienda, la cual, según la idea que lo guió en la oportunidad, está destinada a prolongar la exposición misma como casa para habitar. La idea de erigir un barrio urbano de unidades de vivienda, una ciudad jardín vertical, está ahora en vías de realización por Le Corbusier en Meaux, cerca de París. Cinco unidades de vivienda le dan allí oportunidad de transformar en obra concreta, parcialmente al menos, su plan para un nuevo urbanismo.

GINEBRA - MOSCU - NUEVA YORK - CHANDIGARH

El hombre del siglo XX vive la mitad de su existencia de vigilia en su lugar de trabajo. La arquitectura, que se concibe como servicio del hombre, tiene que hacer también de la casa de trabajo un acto de amor al prójimo. La casa de trabajo debe proporcionar al hombre, durante la labor, luz, aire y un ambiente grato; debe ahorrarle energías, evitarle rodeos inútiles; ha de animarlo para el trabajo, facilitárselo; ha de servirle como una máquina de buen funcionamiento. Debe concebir el proceso de trabajo del individuo y de la comunidad laboral, preformarlo y garantirlo. La casa de trabajo, empero, no puede conformarse con este funcionalismo; a la larga, sólo servirá verdaderamente al hombre si "deja percibir al trabajador su propia dignidad" (Behrens). Esto se logra cuando la casa se convierte en obra de arte, cuando es por sí misma expresión y, en última instancia, símbolo de la comunidad humana.

El concurso internacional para la Casa de la Sociedad de las Naciones en Ginebra dio a Le Corbusier, en el año 1927, la oportunidad de pensar y proyectar en sus más altas

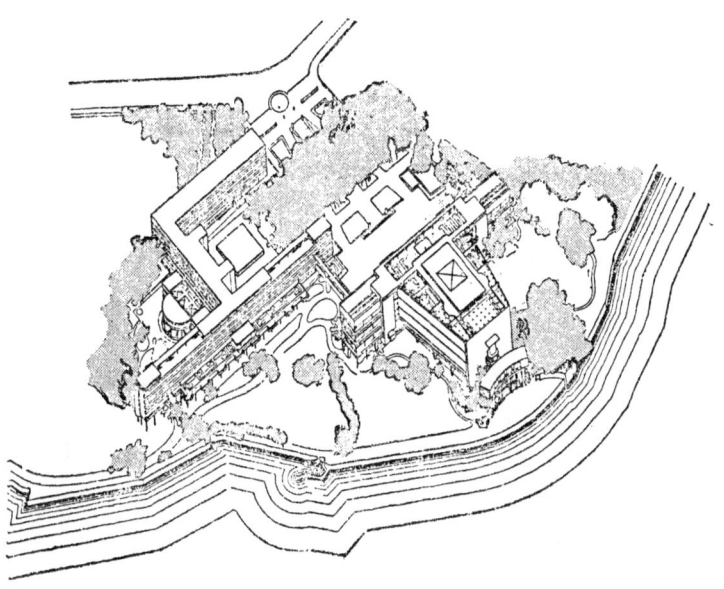

Proyecto para el Palacio de la Sociedad de las Naciones, en Ginebra. 1927-28.

posibilidades la casa de trabajo del siglo xx. Concibió el edificio como la casa para un trabajo que se desarrollaba en diversos estratos temporales: día tras día en la Secretaría General; de tiempo en tiempo, en las salas de las comisiones grandes y pequeñas, tres veces por año en el Consejo de las Naciones, y anualmente en la Asamblea General. Según este ciclo anual, Le Corbusier dividió la planta en dos complejos: el primero para la Secretaría General y las comisiones pequeñas, y el segundo para las comisiones mayores, el Consejo y la Asamblea.

La primera planta requería espacio para personas que trabajaran solas o en pequeños grupos; era una casa de oficinas. Se la trazó como un rectángulo abierto, prolongado por uno de sus lados. La estructura abierta permitió evitar patios interiores y escasez de luz. Los cuerpos de edificación eran pequeños; en dos alas, se reducían a una serie de oficinas y el pasillo; en un ala se encontraba el corredor que conducía a una y otra sección de oficinas. Las paredes exteriores estaban triplemente divididas a lo largo en una banda de cemento, una vidriera corrediza y una vidriera fija. Como el edificio se encontraba en un

El ambiente se abre a la naturaleza; los árboles entran en la habitación.

parque, entre la carretera de Lausana y el lago, cada empleado recibía en su cuarto de trabajo el sol y la luz, y cada cual tenía su árbol ante la ventana. En el piso de la Secretaría General y de las pequeñas comisiones bastaba un paso para tener en torno la naturaleza en crecimiento y encima el cielo abierto: la planta baja, saliente, ponía vistosas terrazas-jardines ante las puertas y ventanas de cada cuarto.

El segundo complejo ofrecía ambientes para el trabajo de grandes grupos; las comisiones mayores, el Consejo y la Asamblea General. Ese trabajo no se llevaba a cabo en comunidad cerrada, sino públicamente. Las habitaciones debían tener lugar para los trabajadores y los observadores de diversa clase; debían poner a unos y otros en relación debida y favorecer sus respectivas funciones. Importaba ordenar arquitectónicamente grandes comunidades y dirigirlas hacia un mismo acontecimiento. Le Corbusier debió utilizar otros prototipos distintos de los del primer complejo. La planta consiste en un pequeño rectángulo del que se proyecta un triángulo acutángulo con el vértice truncado. En el rectángulo se levantan los cuartos de recepción, los guardarropas, los cuartos de tocador y la sala de sesiones para las comisiones grandes; en el triángulo se eleva la gran sala de la Asamblea General. En esta sala radicaba el problema del complejo arquitectónico: debía tener capacidad bastante para la Asamblea General, el personal de la Sociedad de las Naciones, los diplomáticos, los periodistas y el público; en suma, para unas dos mil seiscientas personas. Le Corbusier comenzó la organización de estas masas partiendo de los guardarropas; cada uno de ellos tenía su escalera, que conducía al visitante directamente a su lugar en la sala. En la pared frontera de la sala estaba previsto el sitio de la presidencia y las tribunas; ante éstas se desplegaban los lugares para los grupos de delegaciones nacionales, que, dentro del gran triángulo de la sala, formaban otro más pequeño, el cual comenzaba hasta cerca del centro. En torno de este campo de acción se distribuían concéntricamente los espectadores: a los costados, en unas pocas filas de asientos, los diplomáticos; en el medio de la sala, el personal de la Sociedad de las Naciones; y en el anfiteatro de la segunda mitad, el público espectador. Según pautas simples, se logró una ordenación ideal: no puede imaginarse lugar más adecuado para las personas y los grupos. El sitio destinado a los periodistas muestra cómo comprendía y fomentaba Le Corbusier la función de aquéllos en esos momentos. Debía dárseles la posibilidad de formarse una imagen exacta y completa de los sucesos, a la vez que permitirles entrar, salir y relevarse sin perturbar la sesión. Le Corbusier respondió en Ginebra de modo ideal a tales requisitos: por sobre la entrada del recinto de la sala mayor, un balcón daba a los periodistas la oportunidad de observar la llegada de los estadistas. En la sala misma, había una tribuna especial para el periodismo detrás del sitial del presidente; desde allí se dominaba la totalidad del recinto, actores y espectadores, con acceso acústico directo a los debates. La tribuna contaba —lo mismo que el sitial de la presidencia— con entrada propia.

No menos felizmente resolvieron Le Corbusier y Pierre Jeanneret los problemas acústicos y técnicos. Una construcción inteligente y plena de porvenir era el techo de la gran sala. Su media cúpula pendía de una construcción formada por tres armazones transversales y dos longitudinales, la que soportaba una terraza-jardín con restaurante. La planta y la construcción conformaban un espacio que refirmaba y ponía de relieve esa ordenación preformada por Le Corbusier en la distribución de los grupos dentro de la sala. Era una comunidad que se constituía en niveles sucesivos y estaba orientada hacia un acontecer único. La estructura arquitectónica más altamente comunitaria, el círculo, era inaplicable como planta para ese ambiente: se necesitaba una estructura en que la orientación del rectángulo prolongado a lo ancho se integrara con las estructuras centrales. Le Corbusier la halló en el triángulo truncado. En la construcción, se compenetraban de modo análogo el rectángulo, el triángulo y el círculo. En el corte longitudinal, al segmento de la media cúpula correspondía un triángulo truncado, formado por las filas de los asientos de los delegados y los bancos de los espectadores. La integración del rectángulo, triángulo y círculo producía un espacio a la vez concentrado y orientado. Era la idea del espacio, de la nueva arquitectura.

Este grupo de edificaciones, grandiosa y firmemente implantado en el paisaje de la ribera del lago y ante el telón de fondo de los Alpes, era de por sí una imagen de esa integración a que aspiraba la Sociedad de las Naciones. El arquitecto Le Corbusier tomó la gran idea con más seriedad que los "poderosos" que representaban a sus pueblos en Ginebra. Aunque el jurado internacional otorgó al proyecto de Le Corbusier el primer premio y recomendó su realización, aquéllos se decidieron por una anodina construcción de convencional y desleído clasicismo. Diarios y revistas de visión clara procuraron imponer el proyecto de Le Corbusier. El profesor de jurisprudencia Prudhomme expuso en un folleto los derechos que asistían a Le Corbusier: hubo un escándalo internacional. La Sociedad de las Naciones no se dio por enterada. Se hizo construir un mausoleo y, con un acto fantasmal lleno de ominoso e inconsciente autorreconocimiento, anticipó en el orden arquitectónico su final en el orden político.

Moscú parecía dispuesto a resarcir a Le Corbusier de su humillación en Ginebra. Su proyecto para la casa del *Tsentrosoyúz* fue llevado a la realidad. El gran edificio para los representantes de las cooperativas soviéticas aprovechó de modo feliz muchas de las ideas y formas que la Sociedad de las Naciones había desdeñado. Le Corbusier pudo confiar en la posibilidad de seguir trabajando también en Moscú en el gran proyecto de Ginebra. El concurso para la Casa de los Soviets lo movió a continuar desarrollando su plan ginebrino y a ir al encuentro de la embriaguez del número y las gigantescas pretensiones de los soviéticos. La estructura, dividida en dos cuerpos de edificación, debía dar cabida en la gran sala a mil quinientos delegados y quince mil espectadores. Le Corbusier amplió sus planes de Ginebra, combinó en la planta el semicírculo con el triángulo y utilizó la gran galería vuelta hacia el exterior y con funciones de soporte, para lograr una articulación animada y abierta de las grandes masas de edificación. Mientras trazaba los planos, el arte moderno se volvió sospechoso en Moscú. Ese proyecto de Le Corbusier, genial y tan humano en la organización de las masas, corrió la misma suerte que su plan para Ginebra. Los Soviets se acomodaron, con columnas "griegas" y cúpulas "romanas", a los probados trampantojos del poder en el siglo xx.

Lo que estaba ocurriendo en el resto del mundo se repitió en la patria también: en Zurich, un jurado local no permitió la participación de Le Corbusier en el concurso para la construcción de las oficinas de la Administración; así, pues, no se edificó el pabellón de vidrio que, en su planta concretada, habría hecho del trabajo una obra de espíritu racional, sublime y bella. Brasil tuvo más tino: en los años 1936-45 llevó a cabo el segundo proyecto de Le Corbusier para el edificio del Ministerio de Educación y Salud Pública, en Río de Janeiro. Pese al reducido lugar, en medio de construcciones urbanas, Le Corbusier logró aire, luz y espacio libre: se decidió por una edificación elevada,

Ministerio de Educación y Salud Pública, en Río de Janeiro. A la izquierda, una pared vidriera, que abre a las oficinas la vista de una terraza y del mar. 1936.

sostenida por pilastras; aprovechó las concepciones desarrolladas por él para el rascacielos *"Cartesien"*, que se volvía hacia el astro diurno como un mirasol; filtró la luz por la pared del norte (que es el lado de sol en Río de Janeiro) aplicando por primera vez el balcón parasol; y creó una grandiosa arquitectura. Gracias a sus colaboradores, Oscar Niemeyer y Lucio Costa entre otros, esta arquitectura felizmente hizo escuela en América del Sur.

En 1947, la nueva organización mundial de las Naciones Unidas pareció dispuesta a reparar la falta cometida por la Sociedad de las Naciones veinte años atrás. Encargó a Le Corbusier preparar proyectos para el edificio de la ONU en Nueva York. Le Corbusier voló a esta ciudad, organizó allí un taller y pronto presentó un proyecto que aprovechaba para el nuevo encargo sus experiencias de Ginebra, Moscú y Río. Un edificio de altos paralelo a la desembocadura del East River estaría destinado a la Secretaría, y a sus pies se agrupaba un bloque más bajo, de varios cuerpos, para las salas de las comisiones y la Asamblea General; revivían allí los modelos de Ginebra y Moscú. Como remate, en el borde norte del parque se levantaría un edificio de altos dispuesto oblicuamente, para alojar a las embajadas de los países.

La historia no suele repetirse a la letra; parece preferir la variación de los mismos temas. Lo que aconteció a Le Corbusier en Nueva York no fue lo mismo que había ocurrido en Ginebra, pero sí una variante del mismo proceso: como todo lo que acaece en nuestra época, más callado, más inconcebible, más impenetrable. Aunque todos los expertos se pronunciaron en favor de su proyecto y la Asamblea General de las Naciones Unidas lo reconoció como digno, bello e incuestionablemente práctico, no se lo ejecutó. Le Corbusier encalló en la resistencia de los norteamericanos. "Estos rascacielos son demasiado chicos y demasiado numerosos", había escrito en 1935 cuando vio Nueva York por primera vez. Con su proyecto para el edificio de la ONU oponía a los rascacielos norteamericanos su propia idea del rascacielos. Él no los construía uno al lado del otro, ni en medio de barracas de inquilinato; utilizaba el tipo para dar al hombre que trabajaba en ambiente cerrado, aire y luz; y al hombre que transitaba al pie del rascacielos, la tierra en forma de parque. Al parecer, algunos círculos norteamericanos no le perdonaban su juicio de 1935, que el proyecto para el edificio de la ONU volvía a traerles a la memoria; al parecer, esos círculos eran apoyados por un nacionalismo deseoso de ver en manos americanas el edificio de la ONU en Nueva York. Tras una poco edificante querella, recibió el encargo el equipo del arquitecto norteamericano Wallace Harrison. Harrison, arquitecto distinguido, intentó poner en consonancia el proyecto de su antiguo amigo Le Corbusier con los deseos de la Secretaría General y las urgencias de una construcción precipitada. Edificó un compromiso. Le Corbusier mira hoy el palacio del East River como un Zeus a quien manos menos consecuentes pero, en última instancia, no enemigas han robado su rayo.

El proyecto para la nueva ciudad inda de Chandigarh lo resarció de esos desengaños. La construcción de la Casa de Gobierno de Chandigarh le dio libertad para osar un juego soberano y preciso de modelos y formas; el hormigón obedece allí a su pensamiento con tanta felicidad como en la capilla de Ronchamp. En el edificio del Parlamento no nos llaman la atención sólo las dobles cubiertas que apartan el calor solar: las plantas de las salas de sesiones representan la concentración, en un espacio más reducido, de los modelos fundamentales de Ginebra, Moscú y Nueva York. Se aproximan al corte longitudinal de un huevo. Se logró allí un modelo de ambiente a la vez concéntrico y orientado, que en su vigor sereno y coercitivo a un tiempo, asombra y convence.

Las concepciones y principios que Le Corbusier siguió para la administración lo guiaron también en su proyecto para la "fábrica en espacios verdes", donde fueron aplicados a la producción industrial que se cumple de modo racional y según determinadas condiciones naturales. Con su "fábrica en espacios verdes", por así decirlo, Le Corbusier des-

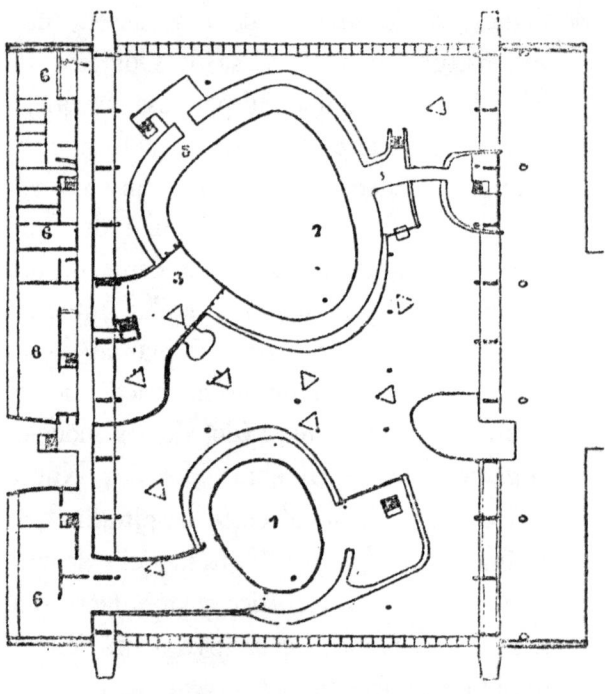

Edificio del Parlamento, en Chandigarh. Plano de la planta baja. 1) Cámara Alta. 2) Cámara Baja. 3) Galería de los ministros y diplomáticos. 4) Galería de periodistas. 5) Público. 6) Oficinas y salas de sesiones. 1952.

arrolló también su tipo para la nueva casa campesina: el granero, el establo y la vivienda se agrupan, con bello y simple rigor, en torno del patio de tierra; la industrialización de la economía rural encuentra allí su expresión arquitectónica.

Saint-Dié, en los Vosgos, fue teatro de una de las muchas derrotas de Le Corbusier. Derrota dolorosa, pues el plan urbano que dedicó a esa comunidad cuenta entre sus obras maestras. Estas luchas le trajeron un amigo: el joven fabricante Jacques Duval. Para él construyó Le Corbusier una fábrica de artículos de quincallería. El edificio, de cinco pisos, erigido en 1946-51, no desmiente en sus formas el parentesco con la unidad de vivienda marsellesa, construida en la misma época. Es una edificación densa y plástica, humana en su carácter de madura casa de trabajo, humana en las medidas del *Modulor*, y ejemplar por la integración de las artes. Ya había visto Goethe que los colores obran sobre la sensibilidad y la moral del hombre. El arquitecto moderno recuerda, también, en la casa de la producción industrial, esa noción, retomada desde entonces por la ciencia médica y la psicología. Los techos, las puertas y los caños de los talleres y de la azotea-jardín son campo de simples composiciones colorísticas; y en las oficinas administrativas se oyen los grandes ritmos de la pintura mural de Le Corbusier.

EL MUSEO CRECIENTE, EL MUNDANEUM Y RONCHAMP

El hombre no necesita sólo la casa de vivienda y la casa de trabajo. En la comunidad de la ciudad y del paisaje espera hallar lugares para un hacer comunitario de diversa especie: para el juego y el deporte, para el ocio comunitario en el cine y el teatro, para el estudio y la contemplación en el museo; y para el ocio fundamental, el culto.

Le Corbusier no consideró estas tareas de la nueva arquitectura con menos cuidado que las antes vistas. Proyectó lugares de deporte y de contemplación científica; museos, claustros e iglesias. Quedaron, en gran parte, en dibujo y maqueta; sólo le dieron encargos de construcción la Iglesia Católica en Francia y el gobierno y las ciudades de la India.

Le Corbusier creó proyectos para un estadio deportivo en el valle de Vars, cerca de Ginebra; pensó en pistas para deportes de in-

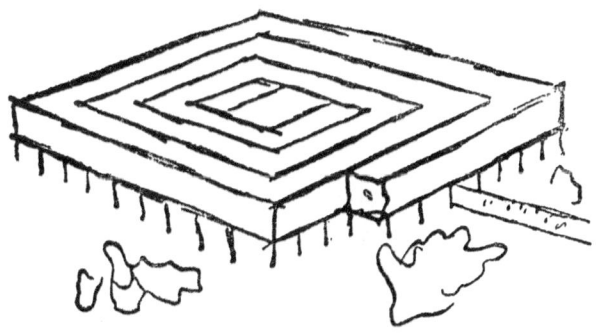

Museo para Philippeville (África). "Museo creciente", sobre el modelo del Laberinto, erigido sobre soportes. 1939.

vierno y para juegos estivales; en el restaurante, el hotel, los garajes, y, sobre todo, en los nuevos albergues para días de vacaciones: los chalets (1939).

No tardó en estudiar la forma para el museo. En esta clase de construcciones, el arquitecto debe ofrecer la mayor superficie posible de pared libre, contra la cual puedan suspenderse y exhibirse las obras de arte. Le Corbusier dispuso las paredes de modo tal que el visitante, a lo largo de ellas, se ve conducido de cuadro en cuadro. En el *"Mundanéum"*, concebido como centro mundial de las ciencias y complemento cultural de la Sociedad de las Naciones en Ginebra, conformó el museo como una gran espiral ascendente, según el modelo del laberinto. El espacio interno, perfectamente continuo, ofrecía un máximo de pared y, para los objetos exhibidos, un orden de sucesión realmente a prueba de tontos. Experiencias posteriores en materia de cuadros y exposiciones lo impulsaron en 1931 a proyectar un nuevo tipo de museo para el arte moderno, en París. Fiel a su función, era también puro espacio interno; utilizaba las plantas continuas y los ambientes variables de la "máquina de habitar"; resolvía, sobre todo, el problema de la cantidad en aumento de obras de arte. Le Corbusier concibió así el "museo creciente", que, sin elevar los presupuestos de construcción, puede ser ampliado concéntricamente año tras año; crece desde el centro, como un árbol que forma anualmente un anillo.

El año 1937 pareció ofrecer a Le Corbusier la oportunidad de realizar en parte su idea del museo. El gobierno francés y la ciudad de París querían construir un museo común en la Avenue Wilson y en el Quai de Tokio; debía ser una contribución a la Exposición Universal. Le Corbusier intervino en el concurso con proyectos en los cuales aparecían sus antiguas ideas confrontadas con la experiencia realizada entre tanto en la construcción de viviendas y edificios administrativos. El terreno exigía un grupo de edificios de varios pisos; paredes de vidrio y una sucesión de pisos en terraza daban a los cuadros la deseable superficie calma de las paredes y una iluminación plena y pura; y a las obras escultóricas, un ambiente adecuadamente claro. Gracias a su ordenación, la arquitectura —allí de línea menos radical que en el *"Mundanéum"* y en el "museo creciente"— llevaba como de la mano al visitante a través de la multitud de obras expuestas. Le Corbusier no obtuvo la palma: un clasicismo neutro, que jamás llegó a tomar conocimiento de los nuevos logros en el arte del museo, recibió el aplauso y el encargo. Después, en 1939, Le Corbusier creó para la ciudad de Philippeville, en África del Norte, un museo ideal, en que la espiral del *"Mundanéum"* y el "museo creciente" se compenetraban en plano horizontal, como laberinto de paredes corredizas.

Finalmente, Le Corbusier pudo realizar su idea en la India. En la ciudad de Ahmedabad, centro de la zona índica textil algodonera, se le encargó en 1952, entre otras cosas, la construcción de un museo. Una gran plaza, dispuesta con superficies de césped, árboles, agua y paseos, contiene el museo, talleres artísticos, una biblioteca, una sala de exposiciones, un restaurante y viviendas para los cuidadores. Estos grupos de ambientes, que en un museo de estilo antiguo están comprendidos en un mismo bloque, allí se levantan en forma de construcciones aisladas sobre la superficie de la plaza. Se les asocian un teatro y una sala para espectáculos populares e improvisaciones. El museo se amplía, convirtiéndose en un dominio del ocio y el juego. Su plaza se convirtió en lugar de sano y amigable encuentro dentro de la comunidad urbana.

En las montañas costaneras, entre Marsella y Tolón, está la Sainte-Baume, uno de los lugares de peregrinación de Francia. Allí vivió

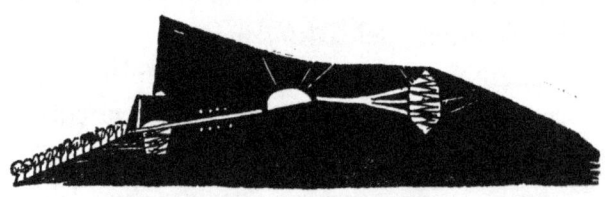

Iglesia rupestre para Sainte-Baume. 1948.

en una gruta María Magdalena; en la basílica de San Maximiano, que se levanta al pie del monte Pilon, se conserva hasta hoy su cráneo como reliquia. El terreno en que se halla la gruta pertenece al geómetra marsellés Édouard Trouin. Un día, éste tuvo la idea de constituir allí un lugar "de paz y de perdón". Fue a París en busca del arquitecto idóneo. Le Corbusier se complació en el hombre y en su hermosa idea. En 1948 trazó un programa para la Sainte-Baume: en la roca se excavaría una iglesia subterránea de tres naves; al borde de la meseta rocosa, un edificio de viviendas, cuyos elementos recuerdan la celda de los eremitas, ofrecía un lugar de contemplación y reposo; un hotel servía para los peregrinos apresurados. El material de construcción más antiguo y el nuevo —tierra apisonada y aluminio— permitían un precio de alojamiento tal que no hiciera puramente ilusorio el procurado reposo; plan tan bueno y sencillo, que bien debiera haber alcanzado con toda tranquilidad la meta de la realización. Lo que asía Midas se convertía en oro; lo que Le Corbusier toma en sus manos se convierte en escándalo. La Sainte-Baume fue su escándalo para la Francia católica, que creó el nombre de *"trouinade"* para cualquier proyecto descabellado o absurdo.

La gruta y la basílica de la Sainte-Baume están a cargo de los dominicos. Seguramente no fue casualidad el que pocos años después un convento dominicano encomendara a Le Corbusier la construcción de un claustro. Este tipo de edificación no había sido confiado hasta entonces a la nueva arquitectura. En 1957 se ocupaban simultáneamente en ello Marcel Breuer y Le Corbusier; el primero construía la abadía benedictina de San Juan en el estado norteamericano de Minnesota, y el segundo el claustro dominicano de La Tourette, en Provenza. Le Corbusier diseñó el claustro en forma de rectángulo, ante cuyo lado norte, abierto, se levanta la iglesia. La construcción, de cinco pisos, utiliza el modelo, los materiales y los medios arquitectónicos ya experimentados, en dimensiones mayores, para las unidades de vivienda de Marsella y Nantes. Celdas y salas buscan salida al gran jardín natural del paisaje en que se encuentra el claustro; en lo interior, se orientan según las fuerzas comunitarias de la oración y el estudio. Le Corbusier construye esa síntesis de la contemplación y el dinamismo, de la palabra en el servicio divino y el silencio en la ascesis, que corresponde a los dominicos, orden de los grandes predicadores y pensadores. De otra manera y en otro nivel, las mismas fuerzas que en el plano de la Sainte-Baume se habían plasmado en forma, se plasman en ese claustro en estructura y símbolo.

A la orden dominicana pertenecían los hombres que renovaron en Francia el arte sagrado: el padre Régamey, el padre Couturier y otros, que se agrupaban en el círculo del periódico parisiense *L'art sacré*. Las iglesias de Assy (1947), Vence (1951) y Audincourt (1952) señalan jalones en el camino altamente inspirado de sus esfuerzos. Assy y Audincourt pertenecen al arzobispado de Besanzón. El arzobispo Dubourg era amigo de los padres Régamey y Couturier, y éstos lo persuadieron de que ganara a Le Corbusier para la construcción de la capilla de peregrinación de Notre-Dame du Haut, cerca de Ronchamp. El industrial Frugès había brindado a Le Corbusier la oportunidad de dar forma a sus ideas artísticas, sin prescripciones restrictivas, en una colonia de trabajadores; el *Deutsche Werkbund* lo había invitado, en el establecimiento Weissenhof, a levantar su "máquina de habitar"; el ministro de Reconstrucción Claude Petit le había ofrecido la posibilidad de realizar, sin compromisos, su ideal de habitación en la unidad de vivienda de Marsella; el arzobispo Dubourg y su sucesor Dubois le dieron el encargo de construir en Ron-

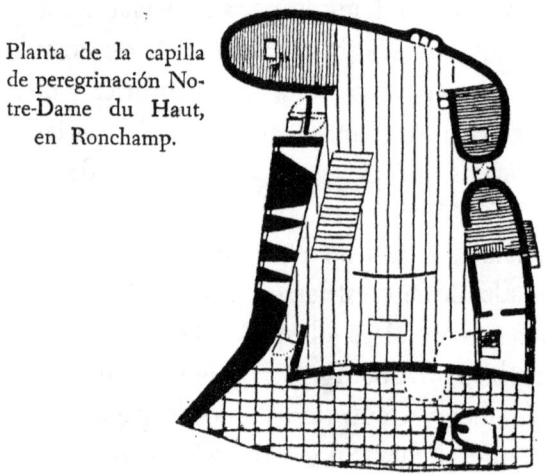

Planta de la capilla de peregrinación Notre-Dame du Haut, en Ronchamp.

champ una iglesia con plena libertad artística.

Le Corbusier consideró la función de esta iglesia; no estaba destinada a fines parroquiales, sino a capilla de peregrinación. A una capilla de este tipo peregrinan individuos y también grupos de diversa magnitud. En las

-estividades, acuden grandes multitudes de peregrinos. Es gente que quiere orar ante la imagen milagrosa de Notre-Dame du Haut; son grupos dispuestos a seguir con el sacerdote el sacrificio de la misa. Le Corbusier conocía situaciones generales del mismo tipo. En las construcciones parlamentarias para Ginebra, Moscú y Nueva York ya se había encontrado con el problema de integrar espacios para grupos con diversos fines y para su acción simultánea; tenía ya desarrollados, en plan y en construcción modelos según los cuales construir tales ambientes y serie de ambientes. La planta de la capilla de Ronchamp tiene como núcleo un triángulo; su base corresponde a la pared del altar; su vértice está truncado por la pared oeste. Ante ésta y contra la pared norte, el espacio de la capilla está limitado por nichos de forma semicircular, que alojan altares. Esta planta, constituida por rectángulos, triángulos y semicírculos, ofrece espacio litúrgico para cuatro grandes grupos diferentes: en la nave caben unas doscientas personas; en los nichos, grupos de treinta, veinte y diez peregrinos. La imagen milagrosa está en un recinto de vidrio alojado en todo el espesor de la pared correspondiente al altar.

Ante ella —en el campo de fuerza de la robusta pared sur— hay un grupo de bancos cortos; allí el peregrino solitario halla lugar para el reposo en contemplación y silencioso recogimiento. La pared correspondiente al

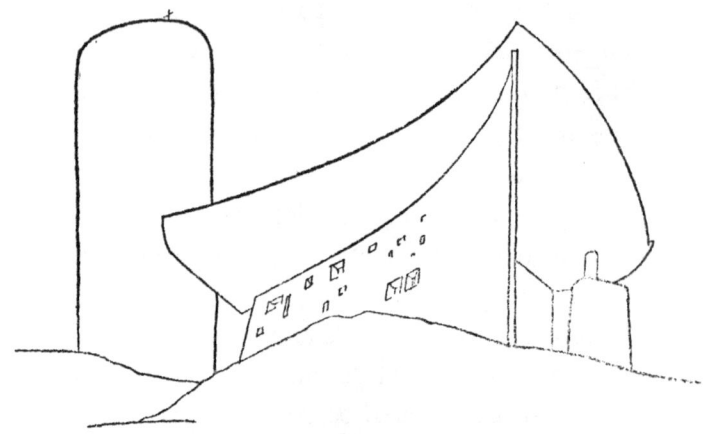

Capilla de peregrinación Notre-Dame du Haut, en Ronchamp. La construcción vista desde el sudeste. A la izquierda, la torre sudoeste, contigua a la pared sur, con las ventanas; a la derecha, la pared oriental, que se abre, en forma de gran nicho con altar, hacia el lugar para los peregrinos. 1955.

altar, con el púlpito, la imagen milagrosa y el coro, se ordena también, bifronte como un Jano, hacia el exterior: se presenta al lugar destinado a los peregrinos como un gran nicho con altar, ante el cual los días de romería se disponen las multitudes para asistir al sacrificio de la misa.

Esta planta realiza, en superficie reducida, una genial integración de ambientes concentrados a la vez hacia adentro y hacia afuera: el ámbito de la plegaria privada y cinco ámbitos litúrgicos constituyen una unidad diferenciada, en la que al mismo tiempo seis grupos diferentes cumplen el servicio divino; cada uno para sí, pero no aislado de los demás, sino, gracias a la arquitectura, integrado con ellos: una comunidad que se presenta en grupos abarcables de un golpe de vista, y que a la vez, en el pórtico de estilo borgoñón, sobre el monte santo, asiste a la misa y venera a la Madre de Dios.

La construcción responde a la planta: las paredes se encuentran no sólo en ángulos rectos, sino también en ángulos agudos y obtusos, con el piso y el techo encurvándose en semicírculo. El techo pende sobre el ambiente como el toldo de una tienda. En la pared sur se abren profundos vanos de ventanas; diferentes por la magnitud del ángulo y del intradós, dan espacio a la nave y responden a su dinámica. Son, al mismo tiempo, parasoles destinados a dirigir la luz solar en diversas direcciones hacia el interior de la capilla. Allí se cumple ese drama del espacio movido y fluyente, que la arquitectura tiene en vista desde hace décadas. Es una realización llena de humana armonía y grandiosidad sacra, y orientada enteramente hacia la pared del altar y la imagen milagrosa. Ayuda a los creyentes a elevar sus corazones.

A esta gran integración de los espacios corresponde finalmente una integración de las artes. En la composición de las ventanas de la pared sur vemos modelos y organizaciones que crearon Mondrian y Kandinsky en su pintura geométrica y Le Corbusier en el purismo. Puertas y ventanas resplandecen en la pintura aperspectivista que Le Corbusier cultiva hoy: las paredes de la capilla encuentran la ayuda ordenadora de grandes superficies coloreadas. Paredes, techo y torres realizan un cuerpo arquitectónico pleno de modelos y tendencias de la nueva plástica. Ese impulso que los traslada del orden del espacio al del tiempo y de la estática al movimiento fluyente no ha sido nunca repetido de modo tan armónico en ninguna otra construcción de nuestra época. Le Corbusier condujo la arquitectura, la pintura y la escultura contemporáneas a una plena integración, a una obra de arte total que, efectivamente, según las palabras del arzobispo Dubois, es "un acto de valentía y esperanza".

La capilla de peregrinación de Ronchamp anduvo hasta el fin el camino de la gran arquitectura, ese camino que va de la función al símbolo. Se constituyó en un símbolo cristiano en la era técnica. "Rascacielos mariano en nuestros caminos cristianos, alma de la *cité radieuse*, la llamó el arzobispo de Besanzón en el discurso de agradecimiento que dirigió a Le Corbusier cuando, el 25 de junio de 1955, recibió de sus manos la construcción y la consagró.

LA "CITE RADIEUSE"

En 1922, el director de la sección de construcciones urbanas de la Exposición de Otoño de París preguntó a Le Corbusier si, para la próxima exhibición, quería preparar algo, por ejemplo, alguna hermosa fuente o una reja de hierro forjado. Le Corbusier respondió con dinamita. En un diorama de 100 metros cuadrados de superficie organizó una revolución del urbanismo. Su proyecto de una "ciudad de hoy" resultó de la idea de que nuestras ciudades se han tornado inutilizables en la era técnica. Y propugnó una ciudad enteramente nueva para tres millones de habitantes. Su núcleo era una ciudad comercial construida con rascacielos en forma de cruz, situados en grandes parques. En torno de ellos, se extendía una corona de casas de alto para vivienda, rodeadas por un ancho cinturón de ciudades-jardín. Carreteras y rieles llevaban el tránsito hasta el corazón de la ciudad, que se abría también a las vías aéreas por medio de un aeródromo entre rascacielos.

Le Corbusier, con este proyecto, tomaba un tema que, como ningún otro, le ocupó toda la vida. Pronto vio que las nuevas viviendas, establecimientos y barrios son islas perdidas, si no se logra incorporar su orden arquitectónico al de toda una ciudad, cuyo "unificador orden social sea primordial expresión de las condiciones materiales y espirituales de la época". Con sus teorías fundamentales, sus proyectos para fundaciones urbanas, sus planes para la reconstrucción de barrios en ciudades históricas y para centros urbanos, Le Corbusier luchó en procura de esa expresión, apoyándose en el plan de

1922, y llevando en él a una síntesis los proyectos y obras que había logrado en forma de casa de vivienda, casa de trabajo y edificios para el ocio y el culto. El *plan voisin* de 1925 trasladaba la teoría de 1922 a un caso concreto: la reconstrucción de la *city* parisiense. La lucha de Le Corbusier por su amado París,

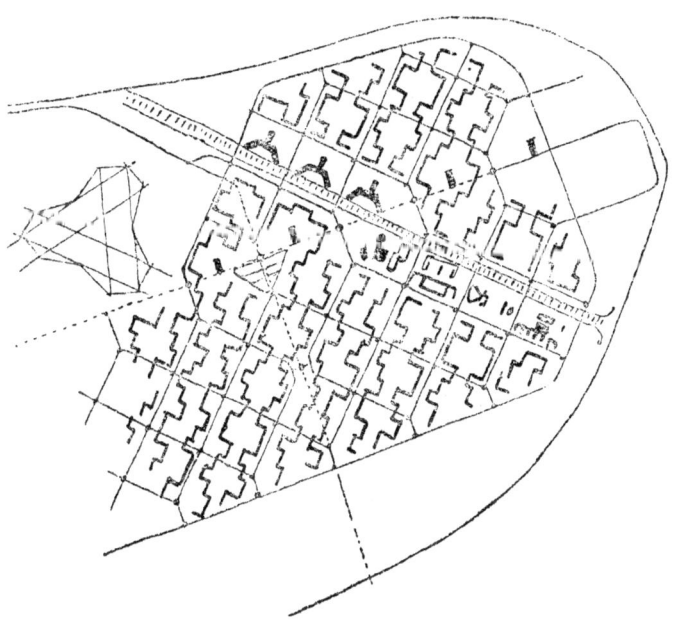

La "cité radieuse": plan de edificación propuesto para Amberes. 1933.

arquitectónicamente enfermo de muerte, había comenzado; la lucha se prolongó durante años, y sólo en 1957 conquistó un trozo de terreno con la construcción de la ciudad-jardín vertical de Meaux. La *ville radieuse* aclaraba y perfeccionaba la teoría. Está constituida por largas cintas en forma de meandros, que se extienden libremente a través de grandes superficies verdes. Sus rayos dan al plano una grandiosa ordenación; se introducen allí prototipos geométricos de la pintura moderna. A la organización artística se unen innovaciones técnicas plenas de porvenir: las unidades de vivienda se levantan sobre pilastras; las paredes que dan al norte carecen de ventanas; los elementos de vivienda se aproximan al modelo que más tarde fue aplicado en Marsella. Cada unidad de vivienda, que aloja a 2.700 personas, tiene servicios comunitarios propios: jardín de infantes, escuela elemental, clínica médica, etcétera. Una carretera de dos pisos, también sobre pilastras, separa definitivamente el tránsito de autos del de peatones. "La ciudad no es más un montón grisáceo de piedras; se convierte en parque."

En 1933 Le Corbusier presentó a los Congresos Internacionales de Arquitectura Moderna (*Congrès Internationaux d'Architecture Moderne, CIAM*) principios fundamentales para la construcción de la ciudad nueva. Fueron tratados en una reunión celebrada en Atenas y reconocidos de validez general. Con el nombre de *Carta de Atenas* rigen desde entonces como ley fundamental para el urbanismo del siglo xx.

Le Corbusier aplicó esta grandiosa teoría a la reorganización de barrios urbanos en Amberes, Buenos Aires, Estocolmo y Argel. La fundación de nuevas ciudades, Nemours en África y Hellocourt en Francia, dio oportunidad para sentar sobre terreno firme la imagen de la ciudad nueva. Los meandros de la *cité radieuse*, eficazmente planeados para Amberes, fueron enriquecidos con hábiles composiciones de casas de alto según las pautas fundamentales de una Y o de un cuadrado. Pero, por mucho que Le Corbusier proyectara y propusiera, los encargos recaían en otros. Argel lo fascinaba tanto como París. Entre 1930 y 1942 obsequió a la ciudad con siete planes, modelos ejemplares de una síntesis de función, paisaje y arte; el obsequio fue rechazado y acabó por verse en él un proyecto criminal. Estando Le Corbusier, en el verano de 1942, con el prefecto de Argel, aquella farsa bochornosa tuvo el siguiente epílogo: "¿Conoce, usted, al señor que acaba de salir de aquí?", preguntó el prefecto. Le Corbusier repuso: "Por cierto; era el alcalde de Argel." Y el prefecto: "Pues había venido a solicitar una orden de captura contra usted."

Le Corbusier esperaba que los miembros de las instituciones urbanas pensaran y obraran históricamente, como lo hacían de modo espontáneo en otras épocas: que la arquitectura ya inutilizable fuera sustituida por nuevas construcciones que respondieran a las nuevas necesidades con espíritu propio. Esto no hizo sino indisponerlos contra él. Al terminar la segunda guerra mundial, pudo esperar una mayor comprensión. Las viejas ciudades europeas estaban en gran parte reducidas a escombros; caían, pues, los argumentos "históricos" contra sus planes; el urbanismo no era ya un juego teórico sino una cuestión central de la existencia. En esa hora decisiva, Le Corbusier aprovechó un cuestionario británico para explicar una vez más su plan de la ciudad nueva. Resultado de esta labor fue el libro *Propos d'Urbanisme,* que apareció en 1945, escrito para persuadir a los contemporáneos de que construyeran la ciudad que necesitamos si queremos sobrevivir.

Le Corbusier se pregunta por la función de la ciudad. ¿Qué queremos hacer en ella? Queremos habitar, trabajar, cultivar el cuerpo y el espíritu, movernos, orar a Dios. Le Corbusier pregunta qué tiene que hacer la arquitectura. Tiene que construir moradas para hombres, cosas, trabajos, instituciones e ideas, y caminos para la comunicación. ¿Con qué medios ha de efectuarse eso? Con los medios de la ciencia, la técnica, la biología, la psicología modernas. Las leyes y los principios según los cuales ha de construirse la ciudad resultan del curso solar de veinticuatro horas, que es la medida del tiempo humano y articula nuestra vida; de la naturaleza y del espacio; del hombre como individuo y comunidad, y de sus relaciones con el presente, la historia y la eternidad. **La arquitectura se hace arte de la síntesis y la integración.**

Las funciones de las ciudades o de los barrios se diferencian según el tipo de trabajo que efectúan sus habitantes. No existe la ciudad unitaria. Le Corbusier había investigado este problema con un grupo francés del CIAM y lo expuso en 1944 en el libro

Les trois établissements humains. En él distingue tres tipos de establecimientos: la unidad de producción rural, la ciudad industrial lineal y la ciudad radiante y circular del intercambio, en que actúan a la vez el gobierno, el espíritu y la actividad económica.

Le Corbusier toma a la letra el antiguo concepto de "cuerpo urbano". Las ciudades son para él entes biológicos, poseen un corazón y otros órganos y miembros. El corazón de la gran ciudad late en la *city*. Allí se erigen los edificios de las instituciones públicas y privadas, la administración, los centros de la vida espiritual y artística. Son rascacielos, gigantescos pabellones del trabajo bellamente articulados, expuestos al sol en espacios verdes. Esta *city* es la ciudad central, que Le Corbusier ha ido desarrollando infatigablemente para París desde 1922. En torno del corazón, se organizan los miembros. Para las viviendas, Le Corbusier prefiere la ciudad-jardín vertical, que tiene unidades de vivienda situadas en medio de un gran parque. El tipo de la ciudad del intercambio está dado por una coordinación entre el centro y las ciudades-jardines verticales, coordinación situada en el punto en que se cruzan las grandes arterias de tránsito del país. La ciudad industrial lineal se ubica un tanto aparte. Su medio vital es un establecimiento fabril, dispuesto según el modelo de la "fábrica en espacios verdes".

Esbozo de una ciudad-jardín vertical; plan propuesto para Nemours.

Los trabajadores habitan en una ciudad-jardín vertical que se encuentra apartada de la fábrica, pero a distancia lo bastante corta para ser recorrida a pie. Al sector de viviendas de cada una de esas ciudades parciales corresponde la zona de la iglesia, en que las construcciones parroquiales se sitúan alrededor del templo.

La unidad de producción rural mantiene,

naturalmente, la ordenación horizontal. Tiene aldeas y caseríos, que por caminos y carreteras se unen entre sí y con el corazón de la unidad: el centro de la cooperativa, en que los silos, los talleres, los clubes, los edificios para asociaciones y para huéspedes y la plaza pública sirven a las necesidades de la comunidad.

Un cuerpo urbano no vive sólo por los miembros que lo componen; necesita del sistema circulatorio y de los nervios: las vías de comunicación y las redes subterráneas de redes, cañerías y canalizaciones. El transporte se ha convertido en problema desde que el hombre y el caballo, cuyo paso alcanza a 4 kilómetros por hora, fueron reemplazados por el auto y el ferrocarril, que alcanzan a 100 ó 150 kilómetros en el mismo tiempo. La consecuencia es el caos y los accidentes de tránsito. Le Corbusier devuelve el suelo a los peatones. Para los automotores utiliza vías de alto nivel o subterráneas; se evitan los cruces al mismo nivel. El automovilista cuenta con carreteras para el tráfico veloz, para la velocidad media en la ciudad, y para el lento retorno a la vivienda. Cada edificio posee su playa de estacionamiento propia. Los caminos y las velocidades dan la medida para la magnitud de la ciudad. La vida de sus habitantes está ligada al curso solar y al día de veinticuatro horas. El problema de la identidad de espacio y tiempo, que ocupa al pensamiento y al arte desde comienzos de siglo, se plantea en la ciudad en el terreno de la realidad simple y cotidiana. El hombre necesita ocho horas para trabajar, ocho para dormir; las ocho horas restantes no están en absoluto íntegramente dedicadas al ocio. Tiene que defenderlas en lucha contra el espacio: contra el espacio que se extiende entre su lugar de trabajo y su casa; contra el espacio que separa su casa del café, del teatro, del estadio o del salón de fiestas. Ese espacio sólo puede ser superado por medio del tiempo; por medio del tiempo de trasporte, que es para él un tiempo perdido. El arquitecto debe hacer todo lo posible para que ese tiempo perdido se reduzca al mínimo. En su ciudad nueva, Le Corbusier afronta de múltiples maneras esa pérdida de tiempo debida a las grandes distancias que quitan al hombre su ocio en grandes ciudades como Londres o Nueva York. La ciudad se hace más pequeña; en su nueva estructura, puede alojar los cuatro a ocho millones de habitantes de una gran comunidad, en la mitad de superficie de una ciudad del tipo hoy usual. Y hasta en su centro mismo, es una ciudad en medio de espacios verdes. Con ella, las distancias se acortan. Las vías de comunicación están dispuestas de tal manera que el tránsito jamás se atasca ni se producen embotellamientos, aun en las horas más movidas del día. Las ciudades-jardines verticales y las fábricas están tan próximas entre sí que el camino al trabajo se convierte en un paseo.

Tal disposición ahorra tiempo. Ahorra también dinero. La ciudad ha de gastar menos en construcción de caminos, canalización y tramos de cables. La unidad de vivienda vertical y el rascacielos requieren menos espacio de construcción, tanto en viviendas como oficinas, que el modo de edificación acostumbrado. Bajan los impuestos y los alquileres. El hombre ahorra dinero, que puede gastar con más sentido o transformar en ocio abreviando las horas de trabajo.

Según estas leyes o ideas directrices, Le Corbusier forma su *cité radieuse* con sol, espacio, verdor, acero y hormigón, "las materias primas del urbanismo". La *cité radieuse* quiere ser para nosotros una gran herramienta en el moderno dominio vital, la cual funcione según esos principios que hemos conocido en la "máquina de habitar" y en la unidad de vivienda. Ella continúa ese ordenamiento humano diferenciado que vimos establecido en esas construcciones. Hace de los vecindarios verticales en las unidades de vivienda una comunidad que encuentra sus centros en los edificios para el trabajo, el ocio, el culto y en las plazas públicas. En los grandes edificios del trabajo moderno, en los centros parlamentarios para Ginebra, Moscú y Nueva York y en la iglesia de Ronchamp se establecía la tarea de integrar por medio de la arquitectura actividades similares o diferentes de diversas comunidades que obraban simultánea o sucesivamente. En la construcción de la nueva ciudad, en que se aspira a integrar las comunidades verticales, esa tarea aparece renovada: crece hasta lo gigantesco. Sólo puede realizarla un arquitecto que infunda a la imagen colosal el hálito del arte. Le Corbusier peralta la integración social de su ciudad con una integración de las artes plásticas; el plan de su ciudad es un logro efectuado en igual medida por la arquitectura, la pintura y la escultura. En última instancia, la ciudad integra en sí al paisaje. En los proyectos para Argel, Buenos Aires y Saint-Dié, Chandigarh y Ronchamp, la arquitectura asume el eco del paisaje, le da acentos rítmicos y se encuentra concertada en grandiosa armonía con la naturaleza que crece en el monte, en la estepa y junto al mar.

La *cité radieuse* de Le Corbusier no es ningún infantil **empeño** de asir las estrellas con la mano, ni una concepción hija de la soberbia. Es lo que eran las ciudades de Europa hasta el foso espiritual que se abrió en el siglo XIX: exponentes de la época, realizados por un hombre a quien fue dada la gracia de captar **exactamente aquello** que a todos sus coetáneos mueve de modo más o menos claro como sentimiento **y aspiración,** y elevarlo a la validez universal de la obra de arte. Es imaginación social, hogar del hombre del siglo XX.

Le Corbusier nunca se ha perdido en utopías. Sabe que la ciudad nueva de mañana deberá desarrollarse a partir de la vieja ciudad de hoy: la fundación de nuevas ciudades es siempre una excepción y no la regla. La ciudad **nueva** sólo puede ir sustituyendo por fragmentos a la vieja; no puede aniquilarla.

A la pregunta, hoy tan frecuente, de qué destino se reserva a los monumentos arquitectónicos, Le Corbusier responde en el sentido de la *Carta de Atenas*: los testigos valiosos del pasado, edificios aislados o barrios enteros, que constituyen altas expresiones de la antigua cultura, han de mantenerse en caso de que no pongan en peligro a la ciudad nueva y a sus habitantes.

Con posterioridad a 1945, Le Corbusier intentó comenzar por fragmentos la construcción de la ciudad nueva, en ciudades que habían sido parcialmente destruidas o estaban en vías de ampliarse. Los planes para el barrio portuario de La Rochela, para Bogotá, para barrios de Estrasburgo y Marsella, y el plan para la destruida Saint-Dié, quedaron en proyecto. La pequeña ciudad de Meaux, cerca de París, fue más avisada que Saint-Dié, la cual rechazó en 1946 el feliz plan de Le Corbusier para una ciudad de categoría mediana. Los ediles de Meaux, en 1957, dieron a Le Corbusier la posibilidad de iniciar la construcción de la primera ciudad-jardín vertical. Mientras Europa vacilaba y perdía en gran parte una oportunidad única para su reconstrucción edilicia, el régimen del pandit Nehru llamó a Le

Corbusier a la India en 1950. Asia le ofrecía lo que Europa, América y África le habían negado obstinadamente: la construcción de una nueva ciudad. Cuando surgieron las re-

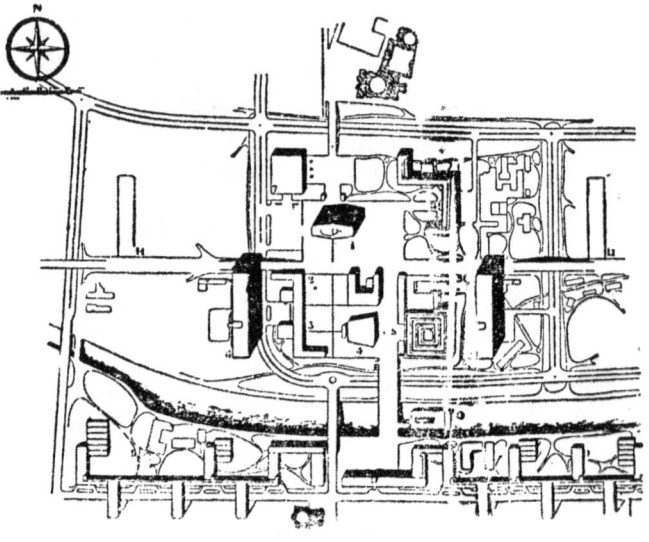

Plan para la plaza principal de la ciudad de Saint-Dié: 1) Ayuntamiento. 4) Mercado público. 5) Museo, dispuesto según el modelo de Philippeville. 6) Hoteles. 1945.

públicas india y pakistana, el Penyab fue dividido; su antigua capital, Lahore, correspondió al Pakistán. El Penyab indo necesitaba una nueva capital. Fue establecida en la aldea de Chandigarh, nombre que conservó. Lo que habían brindado a Le Corbusier, Frugès, el

Deutsche Werkbund y Claude Petit en el orden de la construcción para vivienda, y los arzobispos Dubourg y Dubois de Besanzón en la construcción de iglesias, se lo ofreció esta vez el régimen del pandit Nehru en el orden del urbanismo: plena y, como él mismo dijo, casi inquietante libertad. Le Corbusier trazó el proyecto fundamental y asumió la responsabilidad como asesor del gobierno indo. Se encomendó la dirección de la obra a los arquitectos londinenses Maxwell Fry y Jane Drew, y al viejo colaborador de Le Corbusier, su primo Pierre Jeanneret.

Chandigarh, cuya construcción comenzó en 1951, realizará el tipo de la *cité radieuse* del intercambio. En una estructura diferenciada, Le Corbusier desarrolló el plan general según las condiciones geográficas y sociales del Penyab y los propósitos del gobierno. Chandigarh ha de recibir 500.000 habitantes. Se le planeó como una ciudad creciente. Por el momento se erige un núcleo urbano para 150.000 personas.

En esta fundación inda, Le Corbusier puede realizar los rasgos fundamentales de su ciudad nueva. El tránsito dispone de calzadas para cada velocidad y cada función. Deja a los peatones su antiguo dominio, aunque cada unidad de vivienda es accesible al automóvil. Formas autóctonas y materiales índicos alternan con los materiales de construcción y los modelos del siglo xx: caminos de tierra y carreteras de hormigón, casas de alto y edificios de una planta, hormigón armado y ladrillos de Penyab cocidos al sol, dan por resultado una disposición plena de sugestión y armonía. La ciudad se compone de vecindarios determinados por la arquitectura. La comunidad formada en ellos sigue desplegándose en los espacios verdes que atraviesan en anchas fajas diagonales el plano de la ciudad, dando ámbitos para el juego, el paseo y el descanso, y formando calles que conducen directamente a las escuelas y a los edificios culturales. El lecho seco de un río, llamado el "Valle del tiempo libre", ofrecerá, en medio de la abierta naturaleza, teatro, cine al aire libre y lugares para bailes, espectáculos y reuniones. Sus caminos unen la ciudad baja con el Capitolio, sede del gobierno.

En los últimos años, el urbanismo ha recordado la función de la plaza pública como fomentadora de la comunidad y conformadora de la conciencia comunitaria. Como núcleo o *core* de la nueva comunidad y de la ciudad nueva, ha sido objeto de particular interés desde el congreso del CIAM celebrado en Hoddesdon (1951). Le Corbusier ya había previsto la plaza pública como zona franca para peatones, en su ciudad para tres millones de habitantes. En el plan para Saint-Dié, en 1945, había desarrollado el modelo fundamental de plaza urbana, que obtenía su rango y su fuerza de irradiación de la serena belleza de los edificios y de la grandiosa organización del espacio a cielo abierto. En la gran terraza-jardín de la unidad de vivienda de Marsella (1952) pudo realizar en algunos rasgos fundamentales las exigencias de ese tipo de plaza. La Plaza del Museo, en Ahmedabad, le dio oportunidad para poner a prueba bajo el cielo de la India su idea del *core* o núcleo urbano.

En Chandigarh se hizo posible desplegar libremente esos proyectos y experiencias. Le Corbusier dotó de dos plazas al primer sector edificado de la ciudad. En su centro está la plaza del mercado, con el Ayuntamiento y las tiendas y bazares. Es un reino de los peatones, quienes pueden llegar por un ancho camino, a ellos reservado, hasta la segunda plaza o "Capitolio", lugar de los edificios oficiales. El Capitolio se encuentra en el linde de la ciudad, algo elevado, en un terreno en pendiente. En su ámbito están el Parlamento, los ministerios, la Corte de Justicia y la residencia del gobernador del Penyab. Le Corbusier ubica estos edificios según una hábil composición, graduada en niveles y dimensiones, sobre una plaza cuya asombrosa anchura recibe en pleno el largo aliento de la India. Estanques escalonados, que con sus espejeos a distinto nivel comunican movimiento y acercan entre sí a las cosas, superficies verdes, anchas aceras y símbolos plásticos

Sobre el Capitolio de Chandigarh. A la derecha, la Suprema Corte, y frente a ella, estanques escalonados; al fondo, la "Mano Abierta".

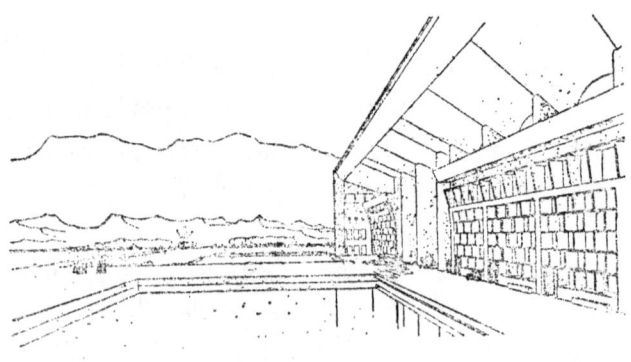

que culminan en el de la Mano Abierta, enlazan los diversos cuerpos de edificación, dando plenitud de sentido a los despejados espacios intermedios. Entre las manos de un arquitecto que es a la vez pintor, escultor y poeta, la plaza pública de una ciudad nueva al pie del Himalaya recibe nuevamente esa serena belleza y esa fuerza transformadora que en las plazas de las ciudades-Estados griegas de la antigüedad conducían al hombre hacia el hombre.

INTUICION Y PENSAMIENTO

Le Corbusier cumplió en 1957 su septuagésimo aniversario; pertenece a la generación de 1887, la de August Macke, Arp, Chagall, Gris, Archipenko, Mataré, Mendelsohn. No obstante, se mantiene en el grupo de extrema avanzada de la época, activo y optimista como sólo podrían serlo los de generaciones más jóvenes; actual y discutido como en 1925; inquietando a los coetáneos de 1957 de la misma manera tan sorprendente como admirable. ¿Es explicable esta asombrosa situación del septuagenario? El terreno habitual de escándalo y de interés para el siglo xx, la vida privada, se muestra inaprovechable: se sabe que Le Corbusier fue un buen hijo; la casita del lago de Ginebra, construida en 1925 para sus padres, no cede, como testimonio de amor filial del artista, a los retratos paternos que nos han dejado grandes pintores. Después de la muerte del padre, la madre de Le Corbusier, la música Marie Charlotte Amélie Jeanneret, vive en la diminuta morada, donde celebró hace unos años su entrada en los noventa. En esa ocasión, su hijo la felicitó diciéndole que "ella reinaba sobre el sol, la luna, las montañas, el lago y el hogar, rodeada de la tierna admiración de sus hijos".

Se sabe que Le Corbusier está casado con Ivonne Gallis, el ángel tutelar de la morada que el artista destinó para sí en el último piso de la casa de la *Porte Molitor,* en París, construida por él en 1933. ¿Interesa conocer que el delgado y vivaz septuagenario, cuyos ojos de color gris azulado nos miran a través de unos gruesos anteojos de carey, gusta del café fuerte y los viajes en avión? La vida de Le Corbusier es su obra. Sólo por ella se aclara su situación: toca al siglo en el lugar más sensible.

El que en la antigua China entraba al servicio del emperador, debía conocer la ciencia política, pero también la poesía; se esperaba de él que estuviera en consonancia con el espíritu de la época tal como se manifestaba en la filosofía, las artes y las ciencias.

Este magnífico deseo de servirse sólo de hombres completos nos llena hoy de nostálgica admiración. ¿A quién sorprenderá que un hombre que es a un tiempo pintor, escultor, arquitecto y poeta suscite en este mundo menosprecio y despecho? La gente no puede sentirse sino doblemente afectada por semejante personalidad, que la lastima en su propia existencia enajenada y la confirma en su secreta nostalgia por una humanidad completa.

Esta escisión del hombre no se realizó sólo en los especialistas, sino que condujo a una separación entre intuición y pensamiento, que puede ser más peligrosa que la fisión del átomo. Estadistas, naturalistas, técnicos, médicos, filósofos, están hoy, en cuanto a sus respectivas especialidades, en la cima intelectual del siglo; pero, en cuanto a su sentir, a mediados del siglo XIX. Salen a su encuentro artistas cuya intuición los coloca en la cima de la época, pero cuya visión no responde al alto desarrollo del pensamiento actual. Le Corbusier pudo realizar ambas cosas. Pertenece a ese tipo secular del artista que vive como unidad orgánica la intuición y el pensamiento. No permite que la estadística, la física, la biología, la economía o la historia lo contradigan o lo dejen de lado. Conoce los resultados de esas ciencias y los asume en su concepción; los integra con su intuición, para constituir la obra de arte de nuestro tiempo. En su persona y en su obra, como siempre ocurre con los grandes artistas, el mundo vuelve a ser un todo entero y cabal. El pensamiento lo pone en condiciones de participar a otros su visión con la exactitud y el ímpetu de los grandes maestros de la humanidad. Al igual que estos grandes de la historia, en su intuición y pensamiento se dirige al hombre. Persuade al que tiene oídos para oír y ojos para ver de que el nuevo arte, que culmina en la arquitectura, no es menos importante que la energía atómica para la pervivencia humana. Personalidades de esta índole fueron siempre el escándalo, pero también la conciencia de su época.

Le Corbusier no lastima sólo el pensamiento del coetáneo que se siente cómodo en los ambientes e imágenes de 1850: también opone a su intelecto especializado y aislado la dicha de una unidad de intuición y pensamiento, y el hombre escindido tiene ante sus propios ojos su contraimagen íntegra y sana. Quizá en esta confrontación se haya encendido el odio que enfrentó a Le Corbusier, odio que iba más allá de las diferencias de opinión, de carácter y de estilo, de la simple incomprensión o el error, y que muchas veces asume caracteres metafísicos. Sin embargo, es motivo de consuelo y esperanza el ver que al avanzar este siglo, la comprensión y el amor por la obra de Le Corbusier crecen, se extienden y fructifican.

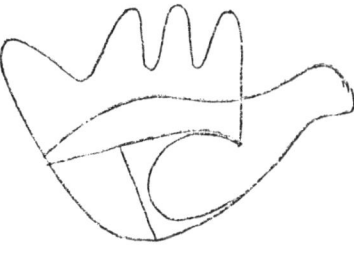

Fuentes de las ilustraciones en el texto:

La capilla de Ronchamp fue dibujada por Hugo Kükelhaus; tomamos el plano de la capilla del libro de Anton Henze, *Ronchamp, Le Corbusiers erster Kirchenbau*, Recklinghausen, 1956.

Los gráficos de la unidad de vivienda berlinesa fueron preparados según proyectos puestos a disposición por la *Interbau Berlín 57*.

La vista de un elemento de vivienda procede de *Forces Vives: Le Corbusier*, París, 1955; los dibujos de la casa del lago de Ginebra, de Le Corbusier, *Une petite maison*, París, 1955. Y todas las demás figuras, de Boesiger-Bill-Stonorov, *Le Corbusier. Oeuvre complète*, Zurich, 1936-1953.

INDICES

ÍNDICE DE ILUSTRACIONES

1. Edificio en el Triángulo de Heilsberg, Berlín .. 21
2. Medidas del *Modulor* 31
3. Página del libro *Poème de l'Angle Droit* 35
4. Esquema de construcción de la casa-tipo Dominó 50
5. La *Casa junto al mar* 52
6/7. "Máquina de habitar" del tipo *Citrohán* 54 y 55
8. Vista exterior de una "máquina de habitar".. 57
9. La casita junto al lago de Ginebra 66
10. Planta de la "máquina de habitar", de superficie mínima 66
11. Casa de fin de semana 68
12. Casa Suiza, en la ciudad universitaria de París 69
13. La unidad de vivienda de Marsella 71
14. La unidad de vivienda de Marsella; sección transversal 72
15. Vista interior de un elemento de vivienda 74
16. Casa-habitación de altos, "tipo Berlín" 82
17. Proyecto para el Palacio de la Sociedad de las Naciones 85
18. El ambiente se abre a la naturaleza 87
19. Ministerio de Educación y Salud Pública, Río de Janeiro 94
20. Edificio del Parlamento, en Chandigarh 98
21. "Museo creciente", Philippeville, Africa 101
22. Iglesia rupestre para Sainte-Baume 104
23. Planta de la capilla de peregrinación Notre-Dame du Haut, en Ronchamp 108

24. Capilla de peregrinación Notre-Dame du Haut, en Ronchamp (vista exterior) 110
25. La "cité radieuse" 115
26. Esbozo de una ciudad-jardín vertical 121
27. Plan para la plaza principal de la ciudad de Saint-Dié 128
28. Vista del Capitolio de Chandigarh 132

INDICE GENERAL

Abriéndose paso	11
Artista de la palabra y del número	25
Le Corbusier como pintor y escultor	39
El arquitecto	47
Ginebra - Moscú - Nueva York - Chandigarh	84
Ginebra - Moscú - Nueva York - Chnadigarh	84
El Museo Creciente, el Mundanéum y Ronchamp	100
La "cité radieuse"	113
Intuición y pensamiento	135
Indice de ilustraciones	147

www.ingramcontent.com/pod-product-compliance
Lightning Source LLC
LaVergne TN
LVHW041627070426
835507LV00008B/484